Europa

1 Deutschland
2 Finnland
3 Jugoslawien
4 Mittelmeer-
  länder
  (Italien,
  Spanien,
  Südfrank-
  reich
  Korsika)
5 Österreich
6 Polen
7 Rumänien
8 Schweden
9 Tschecho-
  slowakei
10 UdSSR

Afrika

1 Kongo
2 Madagaskar
3 Mauritius
4 Nordafrika
  (Marokko, Algerien)
5 Östl. Afrika
  (Äthiopien, Kenia,
  Port. Ostafrika,
  Tansania)
6 Südafrika
7 Westafrika

Asien

1 Birma
2 Ceylon
3 China
4 Indien
5 Iran
6 Japan
7 Indonesien
  (Borneo, Celebes,
  Java, Sumatra)
8 Molukken
9 Philippinen
10 Thailand
11 Türkei

Australien
(Westaustralien,
Queensland,
Neusüdwales)

Länder mit ihren bedeutendsten Holzarten siehe nächste Seite ▶

Argentinien: Brasilkiefer, Färbermaulbeerbaum, Quebracho, Rauli

Australien: Eukalyptus (Jarrah), Karri, Kasuarinahölzer, Kaurifichte, Veilchenholz

Birma: Teak

Brasilien: Andiroba, Basralocus, Brasilkiefer, Färbermaulbeerbaum, Fernambuk, Greenheart, Jequitiba, Massaranduba, Palisander (Jacaranda), Partridge, Quaruba, Quebracho, Rosenholz

Ceylon: Ebenholz, Kampferbaumholz

Chile: Alerze, Laurel, Maniu, Rauli

China: Fichte, Ginkgo, Kampferbaumholz, Kiefer, Lärche, Br. Pfefferrohr, Tanne, Tonkin-Rohr

Deutschland: Eiche, Fichte, Kiefer, Rotbuche, Tanne

Ecuador: Balsa

Finnland: Aspe, Birke, Fichte, Kiefer

Guayana: Amaranth, Bulletrie, Greenheart, Mahagoni, Partridge, Possentrie, Pockholz, Quaruba, Schlangenholz

Indien: Ebenholz, Himalajazeder, Jacaranda, Kampferbaumholz, Satin, Yang, Ostindisches Zitronenholz

Indonesien: Ebenholz, Meranti, Ostindisches Palisander, Ramin, Span, Rohr, Teak

Jugoslawien: Eiche, Rotbuche, Weißbuche

Kanada: Kanadische Birke, Kanadische Pappel, Ulme

Kolumbien: Greenheart, Mahagoni, Pockholz, Quaruba, Virola

Kongo: Limba, Tola Branca

Madagaskar: Ebenholz, Jacaranda, Kampferbaumholz, Königsholz

Mauritius: Ebenholz

Mexiko: Campêche, Cedrela, Cerikote, Mahagoni, Primavera

Mittelamerika: Cedrela, Cocobolo, Kokusholz, Mahagoni, Pockholz, Primavera, Quaruba, Virola, Westindisches Zitronenholz

Mittelmeerländer: Algarroba, Bruyère, Korkeiche, Olive, Zypresse

Molukken: Amboina, Ebenholz

Nordafrika: Atlaszeder, Dattelpalme, Korkeiche, Thujamaser

Österreich: Fichte, Kiefer, Lärche, Tanne

Östliches Afrika: Ebenholz, Grenadille, Ilomba,

Paraguay: Brasilkiefer, Quebracho

Phillipinen: Ebenholz, Manila Padouk

Polen: Fichte, Kiefer

Rumänien: Eiche, Fichte, Rotbuche, Tanne, Weißbuche

Schweden: Birke, Erle, Fichte, Kiefer

Südafrika: Afrikanischer Buchsbaum

Thailand: Kasuarinahölzer, Maidou, Teak, Yang

Tschechoslowakei: Fichte, Tanne

Türkei: Buchsbaum, Kaukasischer Nußbaum

UdSSR: Aspe, Eiche, Fichte, Kiefer, Rotbuche

Uruguay: Quebracho

USA: Ahorn, Carolinapine, Cedar, (Bleistiftzeder: Florida-, Incense-, Port Orfordzeder), Eiche, Hickory, Amerikanischer Nußbaum, Oregonpine, Persimmon, Pitchpine, Redwood, Amerik. Rotkiefer, Satinnußbaum, Spruce (Sitkafichte), Whitewood

Venezuela: Westindischer Buchsbaum, Mahagoni, Partridge, Pockholz

Westafrika: Abachi (Nigeria-, Samba-, Wawa-), Abura, Avodiré, Bilinga, Bongosi, Bubinga, Dibetou (Afrik. Nußbaum), Doussié (Afzelia), Ilomba, Iroko (Kambala), Limba, Afrikanisches Mahagoni, Makoré (Afrik. Birnbaum), Mansonia, Mowingui (Afrik. Zitronenholz), Okoumé (Gabun), Afrik. Padouk, Schirmbaumholz, Tiama, Tola Branca (Agba), Zebrano

DR. ALFRED SCHWANKL: WIE BESTIMME ICH HOLZ?

FACHBÜCHEREI FÜR DAS TISCHLERHANDWERK

DR. ALFRED SCHWANKL

Wie bestimme ich Holz?

Bestimmungsbuch
für 40 inländische und ausländische
Holzarten

VERLAG WOLFGANG ZIMMER · AUGSBURG
(vorm. Hans Rösler Verlag · Augsburg)

ISBN 3-87679-006-9

Neunte Auflage, 1984

Die Auflagen 1 bis 6 erschienen unter dem Titel ,,Welches Holz ist das?''
in der Franckh'schen Verlagsbuchhandlung, Stuttgart

Verlag Wolfgang Zimmer, Augsburg, vormals Hans Rösler Verlag
Herstellung: Hans Rösler, Augsburg. Printed in Germany

Inhalt

Einleitung

Welches Holz ist das? Diese Frage stellt zu allererst der Holzfachmann. Danach richten sich Verwendungszweck, Bearbeitungsweise, Preis und seine Pflege. Wer einen Wohnraum gestalten und einrichten will, fragt nach der Holzart. Sie interessiert aber auch allgemein den, der zum Baum das dazugehörige Holz wissen möchte.

Umfassende Holzkenntnis setzt Baumkenntnis voraus.

Die Eiche läßt sich am borkigen Stamm, am knorrigen Geäst und am Blattwerk, das oft büschelweise die Krone aufteilt, erkennen. Das sind Merkmale, die zusammen eine Baumart charakterisieren. So hat eben jeder Baum, wie z. B. Esche, Erle, Linde, Roß- kastanie und Rotbuche, seine eigene Form und seine besonderen Merkmale an Stamm, Rinde, Ästen und Krone. Diese werden durch stetes Betrachten und Vergleichen erst richtig erkannt. Gelegenheit dazu gibt es immer, wenn wir zu allen Jahreszeiten acht- sam durch Straßen, Anlagen, Gärten und Waldungen gehen. Ein Gärtner oder Forst- mann gibt dann gern Auskunft.

Bei der Franckh'schen Verlagshandlung sind dazu erschienen: „Welcher Baum ist das?" von Kosch und „Die Rinde, das Gesicht des Baumes" von Schwankl.

Wer dann Interesse hat, Holz noch näher kennenzulernen, möge an keinem Stück Holz ohne es anzuschauen vorbeigehen. Es begegnet uns so oft im täglichen Leben, sei es z. B. als Brennholz, Bleistiftholz, Bürstenholz, als Tischplatte, Stock, als Griff, als Material für Musikinstrumente, als Maßstab, Rechenschieber, als Möbel, Teller, Schalen, Dosen, Kassetten usw. Das Geheimnis des Erkennens liegt auch hier wieder im Schauen, das Wesentliche heraussehen und miteinander verbinden.

Flüchtig betrachtet, erscheinen uns viele Holzformen gleich oder mindestens so ähn- lich, daß sie zunächst infolge ihrer gemeinsamen hellen Farbe nicht auseinandergehal- ten werden können, wie etwa Birke, Ahorn, Linde, Aspe, Weißbuche und Roßkastanie. Auch Eichenholz ähnelt dem Eschenholz und der Edelkastanie. Solche Paare bilden auch Birke und Erle, Rotbuche und Platane, Kiefer (Föhre) und Lärche, Kirsch- und Pflaumenbaum, Ahorn und Roßkastanie, Ahorn und Birke, Weide und Pappel, Linde und Pappel, Mahagoni und Gabun, Mahagoni und Makoré (Afrikanischer Birnbaum) und noch viele andere. Wie oft stehen Fachleute beisammen und werden sich nicht ganz einig, ob es sich um Fichten- oder Tannenholz handelt. Auch innerhalb ein und derselben Holzart gibt es Unterschiede. Aber durch ständiges Vergleichen beim Betrachten der Hölzer wird erreicht, daß die bestimmten Eigenarten des gewachsenen Stoffes auch dann erkannt werden, wenn etwa abnorme Farben dem Holze einen anderen Ausdruck geben sollten.

Dem Laien sind meist nur zwei oder drei Holznamen, wie etwa Fichte, Eiche und Nuß- baum, geläufig und er meint, wenn es sich um Holz handelt, müsse es eines von den dreien sein. Der Holzfachmann kennt gewöhnlich nur die Holzarten, die er bearbeitet oder mit denen er umgeht.

Dieses Buch will dazu verhelfen, die wichtigsten Holzarten unseres Landes und einige der bekanntesten ausländischen genauer kennenzulernen und ihre Bestimmung zu ermöglichen. Dazu ist hier eine Ordnung gebildet worden, die die Holzarten nach einfachen Merkmalen zu unterscheiden lehrt. Die wesentlichen Eigenschaften werden dazu besprochen. Es ist aber zu empfehlen, sich auch praktisch mit Hölzern zu beschäftigen, denn „das beste Mittel, Holz kennenzulernen, ist immer noch seine Bearbeitung". Nur die Werkstatt bietet Gelegenheit, alle Eigenschaften des Materials zu entdecken.

Das Buch wendet sich ebenso an den Fachmann wie an den Nichtfachmann, die einen Weg zur Holzbestimmung suchen. Sie werden dabei manche Formen und Farben der tausendfältigen Natur kennenlernen, die dem Sehenden manche Vorbilder und Anregungen geben.

I. Wichtige Eigenschaften des Holzes und Hinweise zur Bestimmung der Holzart

Ein langes Stück Holz wird in Stücke gesägt. Die entstandene Schnittfläche ist der Quer- oder Hirnschnitt. Er stellt eine Schnittführung senkrecht zur Holzfaser dar. Mit Bogen-, Schrot- oder Wiegensäge, Fuchsschwanz-, Pendelkreis-, Elektroketten- und Stammabkürzsäge wird das Holz abgelängt (Abb. 1).

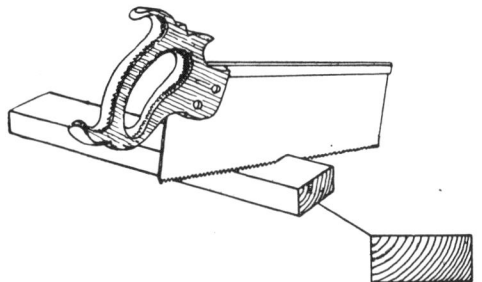

Abb. 1. Ein Stück einer Leiste wird abgesägt, wobei der Querschnitt des Holzes entsteht

Der so entstandene Querschnitt (Abb. 2) des Stammes zeigt Rinde und Holz. Näher betrachtet, sieht das innere, ältere Holz oft dunkler aus als das äußere, da dieses als sogenannter Splint gleichsam wie eine Schale den Kern umhüllt. *Für die Bestimmung einer Holzart ist* somit seine *Zweifarbigkeit wichtig: Kernholzbäume.* Dazu gehören

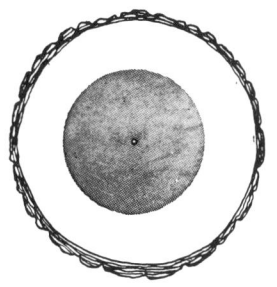

Abb. 2. Querschnitt des Stammes eines Kernholzbaumes mit Rinde und Holz, das hell im Splint und dunkel im Kern ist

folgende wichtige inländische Hölzer: Kiefer (Föhre), Lärche, Eibe, Eiche, Esche, Kirschbaum, Pflaumenbaum, Ulme (Rüster) (Abb. 3), Nußbaum, Falsche Akazie (Robinie), Gleditschie (Christusdorn), Maulbeerbaum, Weide und Pappel (Aspe ausgenommen). Mahagoni, Ebenholz, Pockholz, Hickory, Rosenholz, Palisander, Teak (sprich Tiek), Padouk, Veilchenholz, Olive, Gabun, Whitewood (sprich Waitwud), Limba, Oregonpine und Bleistiftzeder sind ausländische Kernholzbäume. Ihr stets dunkles Kernholz hat auch eine mehr oder weniger größere Härte als das Splintholz. Außer diesen Kernholzbäumen gibt es noch Reif- und Splintholzbäume. Diese beiden zeigen am Querschnitt Einfarbigkeit (Abb. 4).

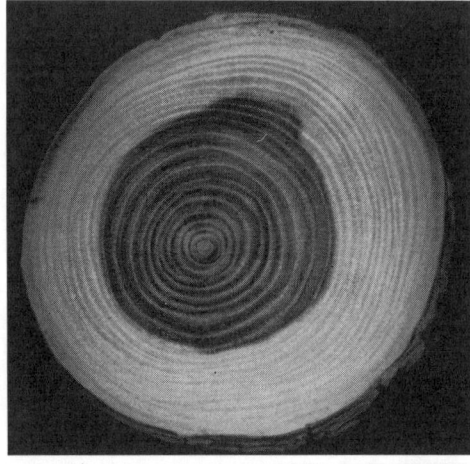

Abb. 3. Querschnitt von Ulmenholz, eines Kernholzbaumes mit dunklem und hartem Kern, sowie hellem und weicherem Splint: Zweifarbigkeit

Dies ist *wieder für die Bestimmung der Holzart zu merken*.

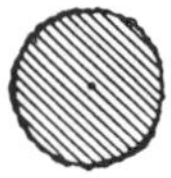

Abb. 4. Querschnitt des Stammes eines Reif- und Splintholzbaumes mit Rinde und Holz, das innen und außen gleichfarbig ist

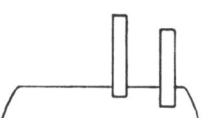

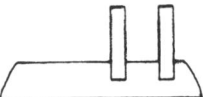

Abb. 5. Das Holz der Reifholzbäume besitzt Kern und Splint, die sich nur in der Härte unterscheiden

Abb. 6. Das Holz der Splintholzbäume hat nur Splint, so daß in allen Teilen ungefähr die gleiche Härte ist.

Reifholzbäume sind im Holz nur splintfarbig, also einfarbig, obwohl sie Kern und Splint besitzen. Sie unterscheiden sich also nur in der Härte (s. Abb. 5). Aus Abb. 6 ist dann zu entnehmen, daß die dritte Gruppe, Splintholzbäume, keinerlei Unterschiede in Farbe und Härte haben. Bei ihnen gibt es folglich nur Splint. Die Splintholzbäume sind somit auch einfarbig wie die Reifholzbäume (Abb. 5 und 6). Die wichtigsten Reifholzbäume lassen sich mit dem Merkworte „Fitabufelibirn" leicht einprägen. In ihm sind die Anfangssilben folgender Bäume enthalten: Fichte (Abb. 7), Tanne, Buche (Rotbuche), Feldahorn, Linde und Birnbaum. Für die Splintholzbäume heißt das Merkwort: „Bibergasperlweißspitz", das die ersten Buchstaben der Worte Birke, Bergahorn, Aspe, Erle, Weißbuche und Spitzahorn enthält.

Abb. 7. Querschnitt von Fichte, eines Reifholzbaumes mit gleichfarbigem Kern und Splint: Einfarbigkeit

Die Natur ist vielfältig, bildet Ausnahmen und macht dadurch beim Bestimmen der Holzarten manchmal Schwierigkeiten. So können einfarbige Holzarten (der Reif- und Splintholzbäume) bisweilen auch zweifarbig auftreten. Rotbuche und Birnbaum, aber auch Erle und Birke weisen öfters rötlichen bis braunen Kern auf; es handelt sich dann um *Farbfehler, die bei der Bestimmung nicht außer acht gelassen werden dürfen:* „Falscher Kern".

Am Splint- und Kernteil des *Querschnitts* sind bei den Holzarten Fichte, Tanne, Kiefer, Lärche, Eibe, Oregonpine, Eiche, Esche, Ulme (Rüster), Falsche Akazie, Edelkastanie, Gleditschie, Hickory, Maulbeerbaum und anderen deutliche Ringe zu erkennen (Abb. 8 u. 9). Dabei bilden je ein heller und dunkler zusammen einen Jahresring, den Holzzuwachs in einem Jahr. Andere Hölzer wie Rotbuche, Ahorn, Linde, Erle, Weißbuche, Birke, Birnbaum, Apfelbaum, Roßkastanie, Weide, Pappel, Platane und Buchsbaum zeigen die Jahresringe undeutlich. *Für die Bestimmung (Abb. 10 u. 11) ist also zu merken, daß es Holzarten mit deutlichen und undeutlichen Jahresringen gibt.* Sie werden

von einem Zellgewebe, dem Kambium (Abb. 12), gebildet, das als äußerst feine Schicht ans Holz grenzt und dem nach außen Bast und Rinde (Abb. 12 und 13) folgen. Diese Schicht, wenige Zellen, ja manchmal nur eine Zelle breit (Abb. 14), erzeugt etwa vom März bis September nach innen dreißigmal mehr Holzzellen als nach außen Bastzellen

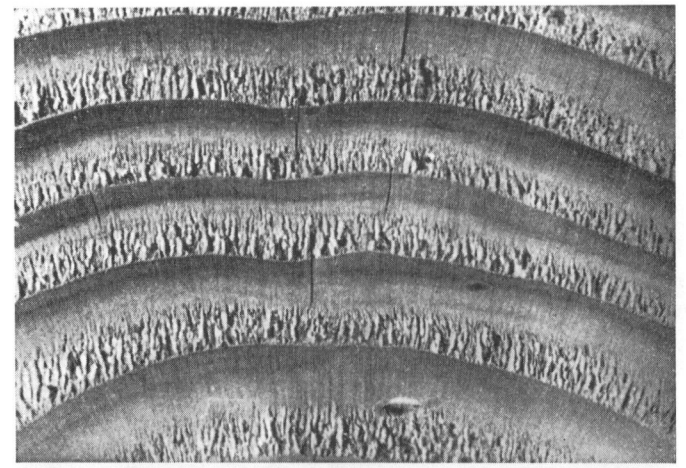

Abb. 8. Querschnitt von Oregonpine mit deutlichen Jahresringen, hell und locker das Frühholz, dunkel und dicht das Spätholz

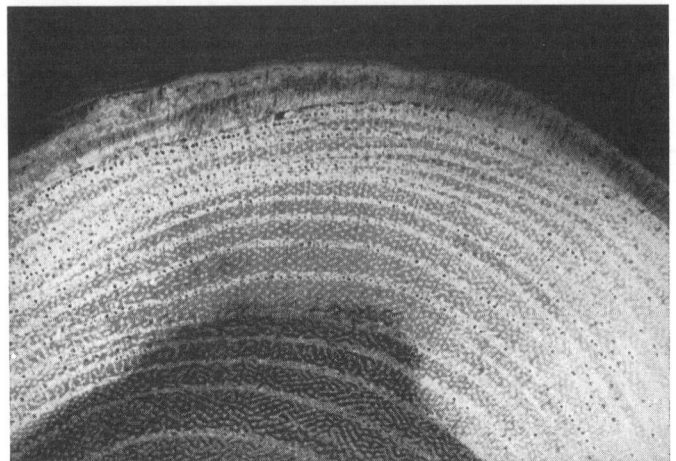

Abb. 9. Querschnitt von Ulmenholz mit deutlichen Jahresringen, schmal, hell und deutlich porig das Frühholz, breit, dunkel und feinporig das Spätholz

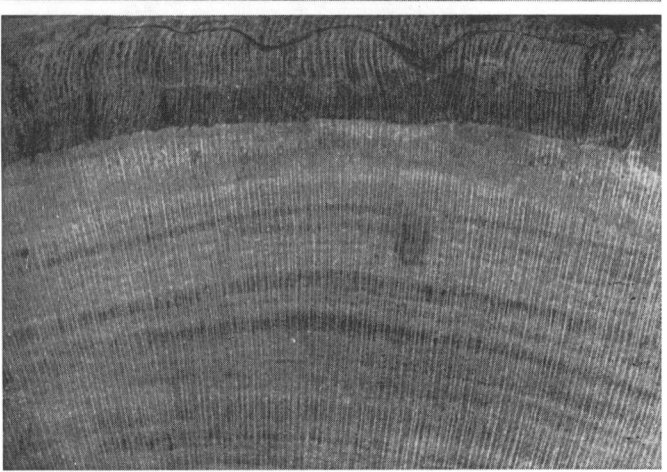

Abb. 10. Querschnitt von Pflaumenholz mit undeutlichen Jahresringen

(s. Abb. 12). Im Frühjahr leiten die Holzzellen die für Bildung der Blätter, Blüten und Früchte flüssigen Nährstoffe. So müssen diese Frühholzzellen einen entsprechend großen Durchmesser haben. Nach dem Herbst zu nimmt die Saftzufuhr ab, da der Baum

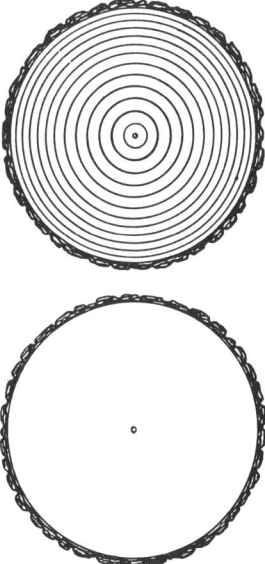

Abb. 11. Schemata: Querschnitt mit deutlichen Jahresringen (oben) und undeutlichen Jahresringen (unten)

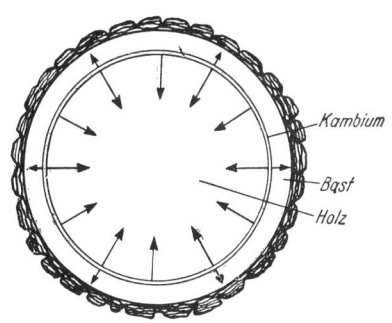

Abb. 12. Querschnitt eines Zweiges mit Rinde, Bast, Kambium und Holz, wobei das Kambium oder die Lebensschicht nach außen Bast und nach innen Holz bildet

nun nicht mehr aufbaut. Die in dieser Jahreszeit erzeugten Zellen werden räumlich immer enger, so daß ein allmählicher Übergang vom weiten, lockeren Frühholz zum dichteren und härteren Spätholz zustande kommt (s. Abb. 8). Hierin findet also kein Safttransport mehr statt. Diese dunkel erscheinende Holzschicht, das Spätholz, dient lediglich der Festigkeit des Baumes. Beide Schichten, am Baumquerschnitt als Ringe sichtbar, bilden zusammen einen Jahresring. Aus ihrer Anzahl ergibt sich das Alter des Baumes. Vom Oktober bis Februar ruht der Baum. In dieser Zeit bildet er also kein Holz. Trotzdem aber enthalten die Wasserleitungsrohre des Baumes, die Gefäße, Saft, um im Frühjahr wieder in Bewegung zu kommen und Holz zu bilden. Auf diese Weise kommt der plötzliche Übergang zustande, der sich als Grenzlinie am Querschnitt abhebt und bei den Nadelhölzern besonders hervortritt (s. Abb. 7 und 8).

Das ist die Jahresringgrenze.

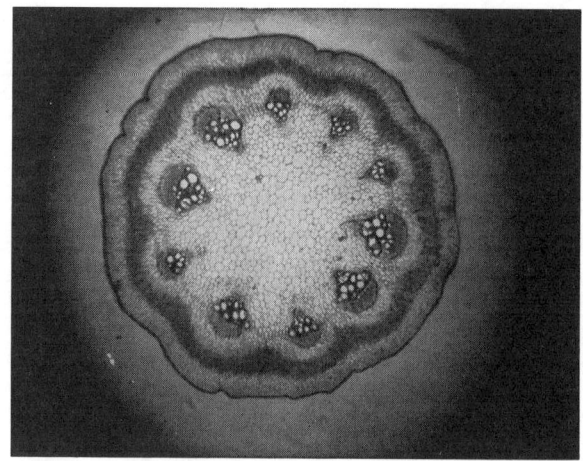

Abb. 13. Querschnitt eines Zweiges vom Tabakspfeifenstrauch (Aristolochia sipho) mit birnförmigen, radial gerichteten Gefäßbündeln, die mit einer zarten Linie, den feinen Kambiumzellen, durchzogen und verbunden sind

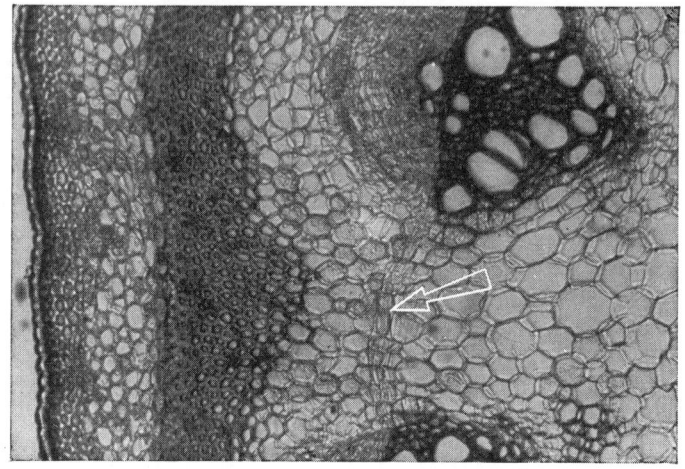

Abb. 14. Ein Ausschnitt des vorher dargestellten Querschnitts mit deutlichen Zellen des Kambiums und anschließenden Gefäßbündeln

Sie ist auch bei den Laubhölzern Eiche, Esche, Rüster, Falsche Akazie (Robinie), Edelkastanie, Gleditschie und Maulbeerbaum gut zu erkennen. Bei diesen bilden das großporige Frühholz und das kleinporige Spätholz den Jahresring (Abb. 15 u. 16).

Nach der Spätholzbildung mit kleinen Poren zeichnet sich, wie bei den Nadelhölzern, die Herbst- und Winterruhe durch eine markante Jahresringgrenze ab. Das folgende Frühjahr bildet wieder große Poren (Frühholz). So tritt das lockere Frühholz am Stammquerschnitt als *deutlicher Porenring* hervor.

Abb. 15. Links: Querschnitt mit Ringporigkeit, d. h. große Poren (Gefäße)
des Frühholzes sind in deutlichen Ringen
angeordnet, so daß deutliche Jahresringgrenzen sichtbar werden.

Rechts: Querschnitt mit Zerstreutporigkeit, d. h. die Poren des Frühholzes (Fr)
und Spätholzes (Sp) sind ziemlich
gleich groß und ungefähr gleichmäßig
verteilt, so daß die Jahresringgrenzen
nur undeutlich oder gar nicht wahr-
zunehmen sind.

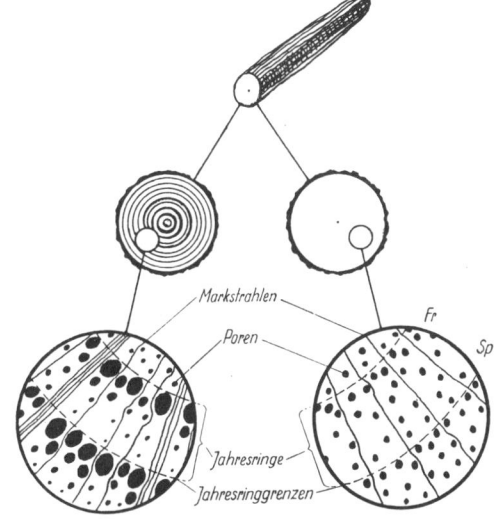

Abb. 16. Querschnitte
von feinjähriger und
grobjähriger Eiche. Zu
beachten ist die An-
ordnung der Porenringe:
eng bei feinringiger und
weit bei grobringiger
Eiche. Feinringige Eiche
ergibt ein mildes und
grobringige ein beson-
ders hartes Eichenholz

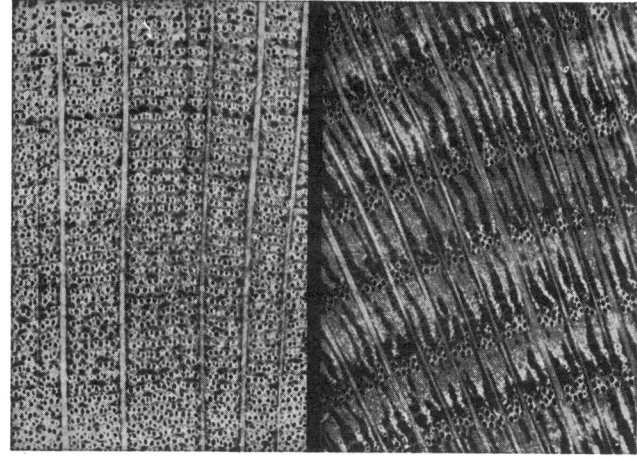

Die vorher genannten Laubhölzer werden deshalb als ringporig bezeichnet. Im Gegen-

satz dazu haben Laubhölzer mit *undeutlichen Jahresringen* ziemlich gleichgroße Poren
(Gefäße). Sie ergeben eine *undeutliche Zeichnung* (Abb. 15 u. 17). Die Poren sind also
über den ganzen Querschnitt gleichmäßig zerstreut.

Die Bezeichnung *zerstreutporig* erklärt sich daraus.

Aus der Anzahl der mehr oder weniger deutlichen Jahresringe ist auch bei den Laubhölzern das Alter des Baumes zu ersehen.

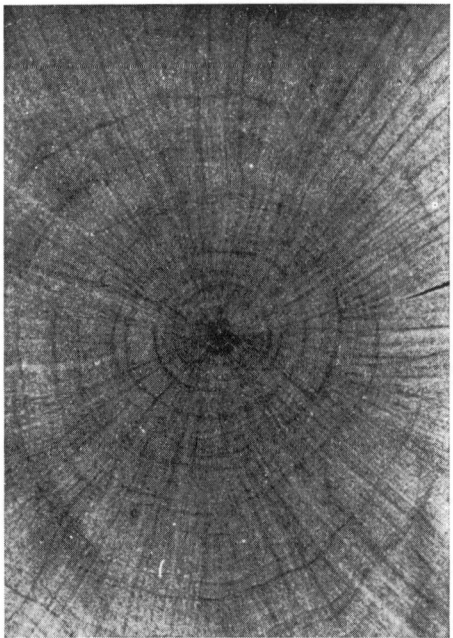

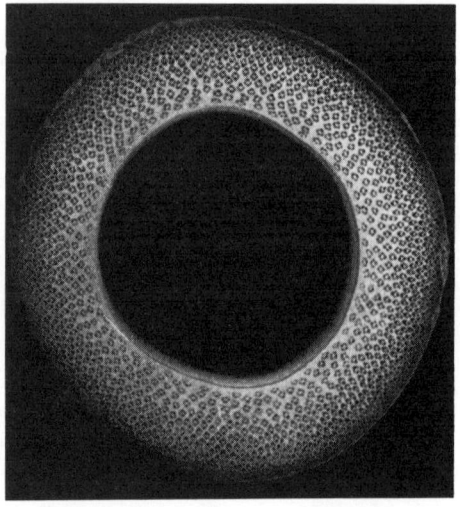

Abb. 18. Querschnitt von Bambus, eines monokotylen (einkeimblättrigen) Gewächses mit deutlichen dunklen Gefäßbündeln. Die Dichte ist in den äußeren Teilen größer als in den inneren

Abb. 17. Querschnitt von Weißbuche, zerstreutporig, undeutliche Jahre

In den Tropen wachsen die Bäume das ganze Jahr hindurch, deshalb gibt es bei exotischen Hölzern wie z. B. Ebenholz, Pockholz, Quebracho (sprich Kebratscho), Zitronenholz, Rosenholz, Mahagoni, Pferdefleischholz, Abachi, Makoré (Afrikanischer Birnbaum), Balsaholz, Bongosi, Bubinga, Limba, Palisander, Ramin, Doussié (Afzelia), Afrormosia, Mansonia, Utile (Sipo) und vielen anderen keine Jahresringe, sondern nur Zuwachszonen. Das Alter ist aus ihnen nicht zu ermitteln.

Ganz anders sehen im Gegensatz zu den Zweiblattkeimern (Laubhölzer) und den Mehrblattkeimern (Nadelhölzer) die Einblattkeimer, die Monokotyledonen, aus, wie etwa die Palmen und Bambusse (Abb. 18). Auf ihrem Querschnitt sieht man dunkle Punkte verstreut, die sogenannten Gefäßbündel. In den äußeren Schichten sind sie dichter als innen, wodurch die größere Härte des Holzes dieser Gruppe nach außen verlegt wird.

Um diese erwähnten Merkmale und Feinheiten am Querschnitt des Holzes festzustellen und recht gut zu erkennen, ist es zweckmäßig, die Holzprobe mit feingestelltem Putzhobel zu bearbeiten oder mit feinstem Sandpapier zu schleifen. Auch ein Anschneiden mit scharfem Messer erfüllt sehr oft das Vorhaben. Schaut man diese glatten Flächen noch mit der Lupe an, dann wird der Feinbau des Holzes besonders gut erkannt. Damit tritt erst der gleichmäßig aufgebaute Querschnitt der Nadelhölzer und der vielgestaltigere, ungleichmäßige der Laubhölzer zutage. Für die Bestimmung der Holzart ist also zu merken, daß Nadelhölzer *porenlos* sind (siehe auch Abb. 19 links), während Laubhölzer *Poren haben* (Abb. 15, 16, 19 rechts und 20).

16

Abb. 19. Querschnitt ohne Poren: Nadelholz
(links), Querschnitt mit Poren: Laubholz (rechts),
F = Frühholz, S = Spätholz

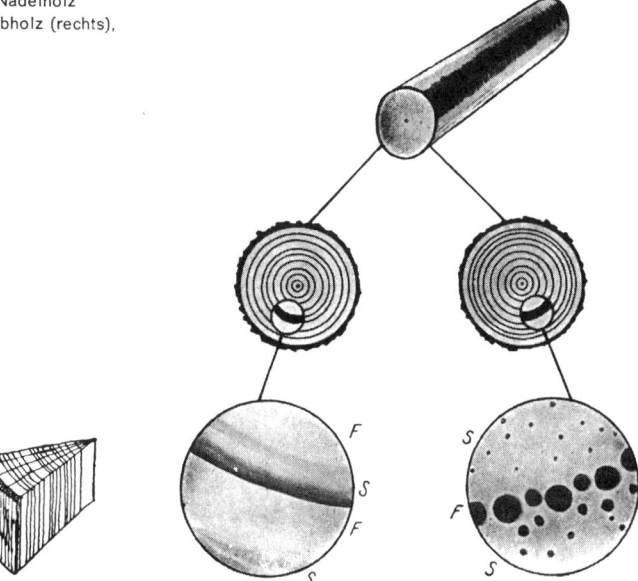

Auf dem Querschnitt von Fichte, Kiefer (Föhre), Lärche und Douglasie (Oregonpine) entdeckt man noch kleine Löcher. Es sind Harzgänge, die durch helle Punkte, besonders im dichten Spätholz, meist auch ohne Vergrößerung, ins Auge fallen. Will man diese deutlicher sehen, wird der Querschnitt mit scharfem Messer angeschnitten (Abb. 19). Harzgänge sind recht gut auch auf dem glattgehobelten Längsschnitt als feine grau-bräunliche Striche zu erkennen. Das Vorhandensein des Harzes ergibt einen angenehmen *Geruch. Aber nicht alle Nadelhölzer haben Harzgänge.* Sie fehlen z. B. bei Tanne, Eibe, Wacholder, Lebensbaum und Redwood (sprich Redwud). *Das ist für die Bestimmung der Holzart ein Hinweis.*

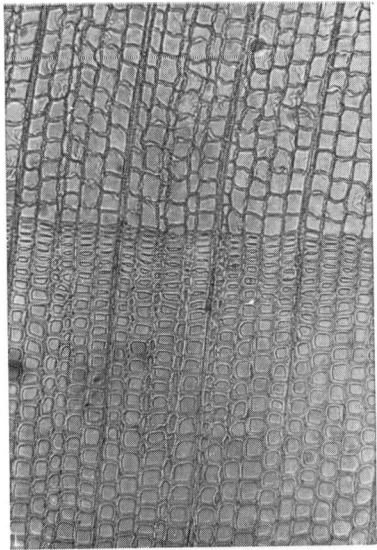

Abb. 20. Querschnitt von Tannenholz im Mikroskop.
Oben: Frühholz mit weiträumigen und dünnwandigen
Zellen; Mitte: waagrechte Jahresringgrenze; unten Spät-
holz mit engräumigen und dickwandigen Zellen;
senkrecht zur Jahresringgrenze breitere Streifen, die
Markstrahlen

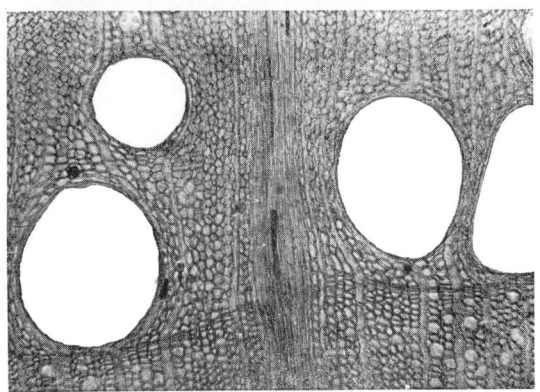

Abb. 21. Querschnitt von Eichenholz im
Mikroskop, oben Frühholz mit großen
Poren (Frühholz-Gefäßen), etwas unter-
halb der Mitte, ungefähr waagrecht, die
Jahresringgrenze; unten Spätholz mit
kleinen Poren (Spätholzgefäße);
senkrecht zur Jahresringgrenze etwa in
der Mitte ein für Eiche typischer breiter
Markstrahl und seitlich einreihige
Markstrahlen

Die bei den harzführenden Nadelholzarten, besonders bei Kiefer und Fichte, häufigen
und unerwünschten Harzgallen sind abnorme Harzansammlungen, die durch Ausfüllen
von Zwischenzellräumen und Auseinanderweichen der anschließenden Zellen entstehen.

Unangenehm säuerlich riecht z. B. Tannenholz, besonders im frischen Zustand. Von
den Laubhölzern riecht z. B. Eiche nach Gerbsäure, Teak lederartig und Zebrano unangenehm. *So kann der Geruch des Holzes ein weiterer Hinweis zur Artbestimmung sein.*

Die Ringbildung unserer Holzarten ist vom Alter, Stammteil, Klima, von Ernährungs-
verhältnissen und vom Standort abhängig. Je kürzer die Vegetationsperiode, also je
ungünstiger die Lebensbedingungen sind, desto schmäler werden die Jahresringe. Das
bemerkt man an Hölzern aus dem Hochgebirge und nordischen Ländern, wo die Zeit
des jährlichen Wachstums nur kurz ist. Im allgemeinen sind die ersten Jahresringe, also
die der Jugend, breit und die in höherem Alter schmal. Auch inmitten gleichmäßiger

18

und schmaler Ringbildung treten manchmal recht breite Jahresringe hervor, die durch besondere klimatische Verhältnisse oder Veränderungen der Umgebung bedingt sind. So unterscheidet man Grobringigkeit und Feinringigkeit. Beim Nadelholz hat im allgemeinen ein breiter Jahresring viel Frühholz, so daß dadurch *das Holz locker, weich und leicht* wird. Beim ringporigen Laubholz hat ein breiter Jahresring viel hartes und dunkles Spätholz und wenig Frühholz, also umgekehrt als beim Nadelholz. Weiche Laubhölzer (z. B. Erle, Linde, Pappel, Weide) zeigen besondere Gleichmäßigkeit, da ihr Spätholzanteil ganz gering ist, und wie vorher erwähnt ungefähr gleichgroße Poren hat. Was ist für den Holzverarbeitenden wertvoller?

Furnierhersteller und Möbeltischler suchen helles Eichenholz mit schmalen und gleichbreiten Jahresringen. Die berühmte Spessarteiche erfüllt diesen Wunsch. Das Holz ist durch schmale Jahresringe mild, also verhältnismäßig weich, indessen die breitringige Eiche die Ansprüche auf große Festigkeiten befriedigt.

Bei fortschreitendem Alter werden die älteren, also inneren Holzteile vom Safttransport ausgeschlossen und die Wasserleitungsrohre oder Gefäße durch sog. Thyllen (Füllzellen) und mit Kernstoffen wie Harzen, Gummi, Gerb- und Farbstoffen verstopft. So entsteht bei den erwähnten Kernholzbäumen der dunklere, sich vom jüngeren und helleren Splint abhebende Kern. Er ist im allgemeinen der wertvollere Holzteil, da schöner und haltbarer. Der schmale Eichensplint wird wegen seiner Pilz-Anfälligkeit stets weggeschnitten. Beim Kiefernholz sind beide Teile, Kern und Splint, brauchbar und fast gleichwertig. Bei den bekannten Skihölzern Esche und Hickory, einem nordamerikanischen Nußbaum (s. Teil III „Hickory"!), schätzt man in erster Linie den elastischen Splint. Kiefern- und Lärchenholz kann man am Querschnitt meist schon am Anteil von Kern- und Splint unterscheiden; ersteres gewöhnlich mit breitem und letzteres mit auffallend schmalem Splint.

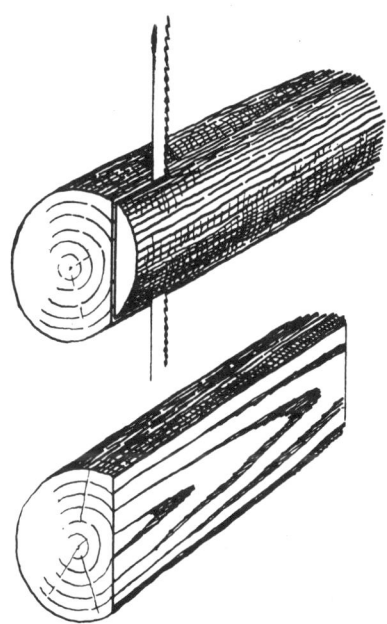

Abb. 22. So entsteht der Fladerschnitt, eine Schnittführung parallel zur Stammachse.

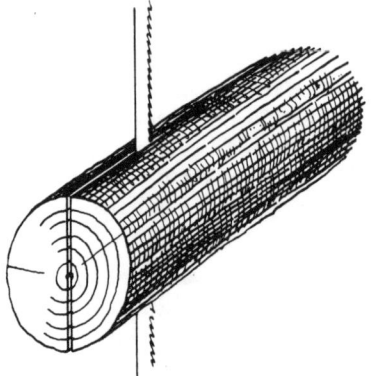
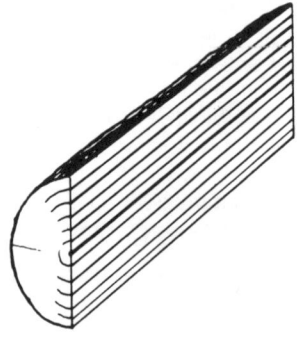

Abb. 23. So entsteht der Spiegelschnitt, eine Schnittführung durch die Stammachse

Wird das Holz in der Faserrichtung mit der Bandsäge, Vertikalgattersäge, Horizontalgattersäge, der Kreissäge oder Blockbandsäge aufgeschnitten, so entsteht der *Längs-*
schnitt (Abb. 22 und 23).

Abseits der Stammachse, also der Markröhre, erzeugte Längs- oder Tangentialschnitte
s. Abb. 22 und 25 links. Sie zeigen das Bild des Holzes so, wie es in jedermanns Vor-
stellung lebt: bogenförmige Linie oder Streifen, man heißt sie Fladern. Eine *deutliche*
Zeichnung am Längsschnitt bringen diejenigen Holzarten mit, die sie auch im Querschnitt bereits zeigen: Nadelhölzer und ringporige Laubhölzer. Wohl begegnet man
auch manchen zerstreutporigen Arten wie Rotbuche und Ahorn mit markanten Fladern.
Oft bringt der Dämpfprozeß, etwa bei der Herstellung von Furnieren, die Zeichnung
besonders zum Vorschein.
So ist für die *Bestimmung der Holzart die deutliche bzw. undeutliche Zeichnung am*
Längsschnitt von Bedeutung. — Für den Möbelbau ist eine deutliche und schöne Zeichnung des Holzes meist erwünscht. In erster Linie sind es die Fladern, die die Flächen
eines formschönen Möbelstückes, etwa aus Rüster, lebendig gestalten; sie sind es
auch, die eine Täfelung an Wänden und Decken ausdrucksvoll machen.

Ein Längsschnitt durch die Stammmitte, also durch die Markröhre geführt, ergibt den
zweiten Längsschnitt, nämlich den Spiegel-, Mitten- oder Radialschnitt (Abb. 23 und 24).
Diese Zeichnung besteht im Gegensatz zum Tangentialschnitt in der Hauptsache aus
gleichlaufenden Linien oder Streifen; sie liegen alle zur halbierten Markröhre ungefähr

parallel. Die Fläche wirkt dadurch ruhig im Gegensatz zum Fladerschnitt. Wieder sind
es Nadelhölzer und ringsporige Laubhölzer, die diese Zeichnung im Spiegelschnitt
besonders deutlich machen. Oft erstrebt man im Möbelbau auch ruhige Flächen, insbesondere als Gegengewicht des vorher erwähnten lebendigen Fladerschnittes (Abb. 24).
Manche Hölzer wie Eiche, Rotbuche, Rüster, Ahorn und Platane zeigen die radial ver-

20

laufenden Markstrahlen (Radialschnitt) als querlaufende Bänder oder Spiegel. Sie sind meist glänzend, so daß der Name *Spiegelschnitt* erklärlich ist. Holzarten mit deutlichen Spiegeln (Markstrahlen) sind: Rotbuche, Ahorn, Eiche, Rüster, Kirschbaum, Pflaumenbaum, Platane, Mahagoni, Gleditschie, Goldregen und manche andere. *Die deutlichen oder undeutlichen Spiegel sind also für die Bestimmung der Holzarten wichtig.* Holzarten ohne deutliche Spiegel sind alle Nadelhölzer und von den Laubhölzern Birnbaum, Linde, Apfelbaum, Birke, Pappel, Weißbuche, Roßkastanie, Weide, Buchsbaum usw.

Wenn der Tangentialschnitt besondere Schönheitswerte zeigt, so bringt der Radialschnitt technische Vorteile. Ein einwandfreier, also nicht splitternder Fußboden besteht aus radial geschnittenen Brettern. Geigenteile, wie die Decke aus Fichte oder Tanne und der Boden aus Ahorn, müssen durch den Radialschnitt die parallelen Linien des Spiegelschnitts zeigen. Bei Bierfaßdauben aus Eiche verlangt man sichtbare Spiegel als Kennzeichen dieser Schnittführung. Der Praktiker erstrebt, um für viele Arbeiten ein in der Form bleibendes Holz zu haben, aufrecht stehende Jahre, also senkrecht zur benutzbaren und größeren Oberfläche stehende Jahre am Querschnitt. Diese Erfahrung hatten die Handwerker schon früher. Sie haben Schrank und Truhe gefertigt, die uns heute noch ohne kenntliche Veränderungen erfreuen. Genauer betrachtet zeigen alle dazu verwendeten Bretter und Bohlen Radialschnitte, die sogar in den meisten Fällen durch Spalten erzeugt wurden. Wer einmal Brennholz gemacht hat, weiß, daß sich das Holz am besten durch die Stammmitte spalten läßt; ein solches Spalten ergibt auch den beschriebenen Radialschnitt.

Es bleibt noch die Frage, wie die Markstrahlen oder Spiegel am Tangentialschnitt erscheinen. Diese radial und ungefähr waagerecht im Holzkörper verlaufenden Zellenbänder werden durch ihn, soweit sie in der Mitte liegen, senkrecht geschnitten und außerhalb der Mitte mehr oder weniger schräg (s. Abb. 25 links). Rotbuche, Platane und Eichenholz zeigen sie am Fladerschnitt als deutliche Striche zwischen den Fladern.

Bei Rotbuchenholz sind gerade diese kurzen Striche markante Erkennungszeichen dieser Holzart im Tangentialschnitt. Breite deutliche Bänder bilden die Markstrahlen von Rotbuche, Platane und Eiche und noch deutlich sind sie bei Rüster, Kirschbaum,

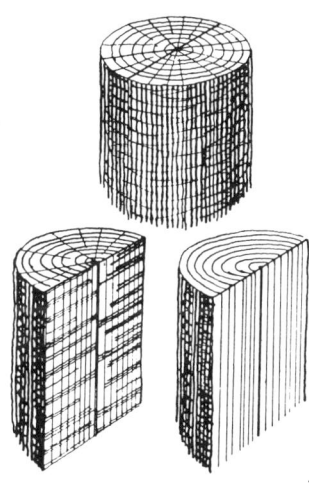

Abb. 24. Am Querschnitt (oben) radialverlaufende Markstrahlen, am Längsschnitt (links) deutliche Spiegel, längsgeschnittene Markstrahlen, am Längsschnitt (rechts) undeutlich bzw. unsichtbare Spiegel

Ahorn und Pflaumenbaum. Australische Seideneiche hat sogar ihren Namen wegen der ausgeprägten eichenartigen deutlichen Spiegel, obwohl sie mit Eiche botanisch nichts zu tun hat. Diese Holzart und die anderen ringporigen (Esche, Rüster, Robinie, Edelkastanie u. a.) zeigen im Spiegelschnitt die in der Längsrichtung aufgeschnittenen großen Frühholzporen. Der Fachmann bezeichnet sie als *Nadelrisse*.

Sie stellen schmale Furchen dar, die bei den engringigen und ringporigen Laub-Holzarten (z. B. Eiche, Rüster, Esche) die Fläche förmlich übersäen. Sie verlangen eine matte Oberflächenbehandlung.

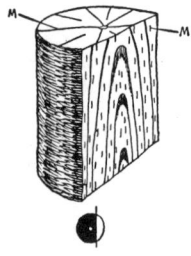

Fladerschnitt mit gekrümmten Linien, den Fladern, und quer- und längsgeschnittenen Markstrahlen (M)

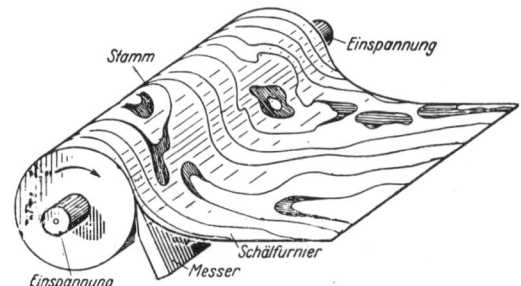

Abb. 25. Links: Fladerschnitt, rechts Entstehung eines Schälfurniers

Eine Besonderheit in der Zeichnung weisen viele exotische Hölzer, z. B. Makoré, Mahagoni, Bubinga, Zitronenholz, Pockholz, durch ihre Streifigkeit (Widerspänigkeit) auf. Sie rührt von Faserverlagerungen her, die den Längsschnitt streifenweise heller und dunkler erscheinen lassen und beim Hobeln abwechselnd glatt und rauh machen.

Sperrplatten haben oft eine besonders lebhafte Zeichnung, die nicht den erwähnten geordneten Fladeraufbau zeigt. Es sind rundliche Linie und Streifen, die hier an verschiedenen Stellen kleine Inseln bilden, und um die wiederum stark gekrümmte Formen kreisen (Abb. 25 rechts). Es ist der Schäl- oder Spiralschnitt. Er kommt durch spiraliges Abschälen des waagerecht eingespannten, vorher gedämpften Stammes zustande.

Dieser Schnitt stellt nicht ein Abtrennen in Jahresringschichten dar, sondern verläuft schraubenartig, stets von einem in den anderen Jahresring übergehend. Früher wandte man diese Schnittführung z. B. für den Nordamerikanischen Zuckerahorn an, der in den äußeren Schichten zahlreiche kleine, nicht zur vollen Entwicklung gelangte Äste hat. Der Schälschnitt brachte sie alle auf der Fläche zur Wirkung und es entstanden die bekannten Vogelaugenahornfurniere. So gelangte man auch mit ungarischer Esche zu besonders lebendigen Zeichnungen. Erst später ging man dazu über, Birke, Erle, Rotbuche, Whitewood, Gabun, Abachi, Limba und m. a. zu schälen, in erster Linie um große Flächen für die Furniere der Tischlerplatten, Furnierplatten und auch sogenannte Stäb-

22

chen für Mittellagen der Tischlerplatten zu erhalten (Abb. 26). Wohl hat man dabei gerade anfangs zufällig, später bewußt, mit den Nadelhölzern Oregonpine (sprich Oregonpain), Fichte, Kiefer und Tanne ausgezeichnete Wirkungen erzielt, vor allem auch für Wand- und Deckenverkleidungen der Räume.

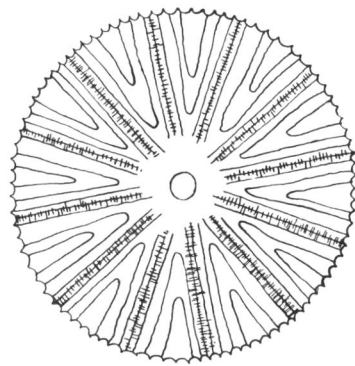

Abb. 26. Querschnitt einer Tischlerplatte.
Die Mittellage besteht aus Stäbchen (Stäbchenplatte),
die durch Schälschnitt hergestellt werden
und auf beiden Seiten mit Absperrfurnieren
umleimt sind

Abb. 27. Radialfurnier mit Fladern
und Spiegeln

Ein Schälschnitt anderer Art ist der Bleistiftschnitt (Abb. 27), der früher öfters verwendet wurde und wegen seiner interessanten Zeichnung erwähnt werden soll. Wie im kleinen der Bleistiftspitzer den spiraligen Span herstellt, so ist es möglich, aus Stämmen verschiedener Stärke rundliche Furniere zu erzeugen, die im Handel als Radialfurniere bezeichnet wurden. Man hat dazu z. B. Nußbaum, Birke, Rüster, Esche und Pflaumenbaum verwendet und daraus runde Furnierbilder (s. Abb. 27) von besonderer Zeichnung (Fladern und Spiegel abwechselnd) für runde Tische, Schranktüren und prunkhafte Täfelungen erhalten.

Zu den verschiedenen normalen Zeichnungen des Holzes kommt die *Farbe* hinzu. Welche Farben haben die Holzarten der Welt? Vom Weiß bis zum Schwarz mit Ausnahme von reinem Blau sind alle Farben vorhanden, als Mischfarbe kommt auch Blau, z. B. bei Pflaumenbaumholz, Flieder, Königsholz von Madagaskar, Amarant, Grenadille und manchem Ebenholz vor. Genau betrachtet, zeigt auch Tanne im Gegensatz zu Fichte ein zartes Blau. Eingeschnittenes frisch gefälltes Eibenholz wird nach dem Trocknen bläulich. Diese Oberflächenbläue verliert sich nach dem Hobeln.

Die Farbe ist das augenfälligste Merkmal, das eine Holzart kennzeichnet und damit zuerst den Beschauer fesselt.

So stellt die Farbe des Holzes einen Ausgangspunkt zur Bestimmung der Art dar.
Oben wurde von hellem Splint und dunklerem Kern gesprochen. Mit Farbe schlechthin meint man die *Kernfarbe* und erst in zweiter Linie die anschließende Splintfarbe, soweit der junge Holzteil überhaupt praktischen Wert hat. Wie jeder Baum in Gesamtform und Einzelformen immer Neues darstellt und doch gewisse stets wiederkehrende charakteristische Merkmale hat, so ist auch das Holz in Farbe und Zeichnung eines jeden Baumes einmalig und doch charakteristisch für die Art. Ein stetes Üben im Betrachten des Holzes ist nötig, um diese charakteristischen Farben zu erfassen. Gerade die sich

so ähnlich sehenden hellen Holzarten machen anfangs, auch öfters dem erfahrenen Holzfachmann, bei der Bestimmung Schwierigkeiten. So muß man sich Weide, Pappel, Erle, Linde, Ahorn, Birke, Weißbuche, Roßkastanie und verschiedene andere Hölzer recht genau ansehen, um Unterschiede zu erkennen.

Es kommen noch die Veränderungen der Holzfarben durch Licht und Luft dazu, die alle Holzarten dunkler werden lassen. Bei manchen ist die Veränderung besonders groß. Aus dem anfänglichen Schwefelgelb des Maulbeerbaumholzes wird beinahe ein Mahagonibraun. Frische Erlenstöcke zeigen nach kurzer Zeit ein intensives Orange, das schon von weitem die Holzart verrät. Frisch gehobelter Amarant hat ein fahles Graubraun und nach einiger Zeit stellt sich ein Violett ein (deshalb auch Violettholz genannt), das man kaum für eine natürliche Holzfarbe hält. Die bestrickende Farbe des Rosenholzes, das wegen seiner Farbe so heißt, wird allmählich fahl. Man muß es sehr genau kennen, um es später noch als solches zu erkennen. Auch Pockholz zeigt meist anfangs ein Braun, das sich bald in ein Grünlichbraun verwandelt, das übrigens viel bekannter ist als die braune Farbe kurz nach der Bearbeitung. Auch durch Dämpfen, als Vorarbeit zur künstlichen Trocknung und Herstellung von Messer- und Schälfurnieren, werden die Hölzer dunkler und oft sogar schöner. Ganz besonders bekannt dafür sind Rotbuche und Birnbaum, die dadurch ein warmes Rotbraun erhalten. Zusammengefaßt mögen besonders auffällige Veränderungen der Kernfarbe durch Lichteinwirkung folgen: Amarant graubräunlich → violett, Bleistiftzeder rötlichviolett → rötlichbraun, Cocobolo orangerot → bräunlichrot, Fernambuk orange → bräunlichgelb, Goldregen gelbgrünlich → bräunlich, Maulbeerbaum gelblich → bräunlich, Padouk rot → dunkelrot, Pockholz bräunlich → grünlich-braun, Quebracho hellrötlich → dunkelrötlich, Rosenholz rosenrot → violettbraun, Whitewood grünlich → gelblichbraun, Zirbelkiefer (bes. Äste) rötlich → bräunlich. — Anomale Farben werden durch Pilzbefall erzeugt. Dabei sind die bekanntesten das Blauwerden der Kiefer (Föhre) (s. auch Teil IV „Fachausdrücke") und die Braun- oder Rotstreifigkeit der Fichte. Es fällt nicht schwer, solche Farbtöne als nicht normale Holzfarben zu erkennen.

Hat man noch die Möglichkeit, die zu bestimmenden Holzarten zu bearbeiten, also etwa zu hobeln, stemmen oder mindestens mit scharfem Messer anzuschneiden, so *wird die Bestimmung der Holzart durch Feststellung der Härte weiter erleichtert.* Eine Faust-

regel heißt: alle Nadelhölzer und von den Laubhölzern Erle, Linde, Pappel, Weide und Roßkastanie sind weich und die anderen hart. Sie schließt nur die wichtigsten Holzarten ein. Bei den unter Kapitel V dieses Buches aufgeführten über 300 Holznamen sind die harten Holzarten mit *h* und die weichen mit *w* bezeichnet. Vom Härteunterschied beim Holz (Splint und Kern) der Kernholz- und Reifholzbäume und zwischen Frühholz und Spätholz war die Rede.

Die *Härte* des Holzes steht in enger Beziehung zu seinem Gewicht. So rechnet man beim Transport oft mit einem Gewichtsgrenzwert von 0,55 und bezeichnet alle Hölzer mit einem kleineren Gewicht als weich und die mit 0,55 und einem größeren als hart.

Was heißt nun: Holz hat das Gewicht 0,55? Es heißt: 1 Kubikmeter wiegt 0,55 t = 550 kg. 1 Kubikdezimeter wiegt 0,55 kg = 550 g. 1 Kubikzentimeter wiegt 0,55 g. Das ist schlechthin das spezifische Gewicht oder Einheitsgewicht. Das Verhältnis des spezifischen Gewichtes des Holzes zu dem anderer Stoffe zeigt die folgende Aufstellung:

Kork	0,24	Glas	2,40	Eisen	7,80
Lithium	0,50	Sandstein	2,50	Kupfer	8,90
Holz	0,70	Aluminium		Molybdän	10,20
Äther	0,72	und Marmor	2,70	Silber	10,50
Alkohol	0,79	Diamant	3,50	Blei	11,30
Paraffin	0,90	Titan	4,50	Quecksilber	13,60
Wachs	0,97	Vanadium	5,50	Wolfram	19,10
Bernstein	1,08	Chrom	7,00	Gold	19,30
Ziegelstein	1,50	Zink	7,14	Platin	21,40
Magnesium	1,74	Zinn	7,28	Iridium	22,40
Elektron	1,80	Mangan	7,40	Osmium	22,50

Holz steht hier an dritter Stelle mit dem Werte 0,70; d. h., 1 Kubikdezimeter Holz wiegt 0,7 kg oder 1 Kubikmeter wiegt 0,7 t = 700 kg (Abb. 28). Dies ist ein Mittelwert der wichtigsten Holzarten, wobei das leichteste Holz mit ungefähr 0,12 kg/dm³ und das schwerste mit rd. 1,20 kg/dm³ leicht zu merken sind. Das Verhältnis dieser beiden ist also 0,12 : 1,20 = 1 : 10, d. h., das schwerste Holz ist etwa zehnmal so schwer wie das leichteste. *Die Bestimmung der Holzart wird oft durch die Ermittlung ihres Gewichtes erleichtert.*

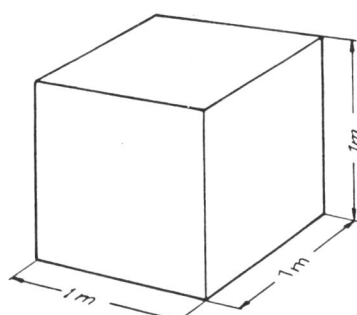

Abb. 28. 1 Kubikmeter = Länge 1 m × Breite 1 m × Höhe 1 m

Zur Feststellung des spezifischen Gewichts bewahrt man das zu bestimmende Holzstück, dem man zweckmäßig eine kleine und leicht zu messende Form gibt (etwa 3 cm lang, 1 cm breit und 1 cm dick) etwa 1—2 Wochen lang in einem Raum mit Wohntemperatur auf. Das Probestück erhält dadurch den nötigen Trockenheitsgrad, wie ihn die Holzarten in der unten folgenden Tabelle haben. Dann legt man es auf die Briefwaage und stellt sein Gewicht fest. Es gilt die Formel: Gewicht = Rauminhalt × spezifisches Gewicht (G = V × s). Der Rauminhalt V wird berechnet aus Länge × Breite × Höhe; in unserem Fall ist V = (3 × 1 × 1) = 3 cm³. Das Gewicht G der Holzprobe betrage 2 g, dann bekommen wir nach unserer Formel 2 = 3 × s und s = ²/₃ = rund 0,67. Also wiegt 1 dm³ = 0,67 kg, 1 m³ = 0,67 t oder 670 kg.

25

Ist von der zu bestimmenden Holzart eine größere Menge vorhanden, dann ist es zweckmäßig, mehrere Proben von verschiedenen Stücken gleicher Form und Größe anzufertigen. Sie müssen ohne Fehler sein, also ohne Ast, ohne Faulstellen und Harzgallen und auch ohne Fehlfarben (wie sie bei Birnbaum und Rotbuche erwähnt wurden). Bei genauerer Bestimmung wird man jedes Stück mit einer Schublehre messen und dann genau wiegen. So seien die Gewichte für die Stücke 1 = 5 g, 2 = 3 g, 3 = 4 g, 4 = 5,5 g, 5 = 4,5 g, und 6 = 3,5 g. Die Rauminhalte können dazu leicht errechnet werden. So erhält man etwa für 1 = 6,9 cm³, 2 = 4,3 cm³, 3 = 5,7 cm³, 4 = 7,4 cm³, 5 = 6,4 cm³ und für 6 = 5 cm³. Das spezifische Gewicht $s = \frac{G}{V}$ ist dann für die einzelnen Proben: $s_1 = \frac{5}{6,9} =$ rund 0,72; $s_2 = \frac{3}{4,3} =$ rund 0,69; $s_3 = \frac{4}{5,7} =$ rund 0,70; $s_4 = \frac{5,5}{7,4} =$ rund 0,74; $s_5 = \frac{4,5}{6,4} =$ rund 0,70; $s_6 = \frac{3,5}{5} = 0,70$. Die spezifischen Gewichte der 6 Holzproben ergeben zusammen 4,25, so daß das mittlere spezifische Gewicht 4,25 : 6 (die Probenanzahl) = rund 0,71 beträgt. Diese Berechnungsweise setzt eine kubische Form der Holzproben voraus. Es ist aber nicht immer möglich, das zu bestimmende Stück so kubisch zuzurichten. In diesem Falle benutzt man einen Meßzylinder (Abb. 29)

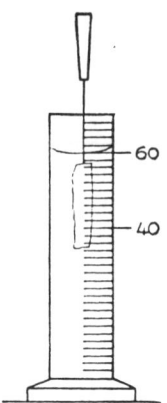

Abb. 29. Rauminhaltsbestimmung eines Holzstückes durch Eintauchen

und füllt ihn bis etwa 40 cm³ mit Wasser. Das Holzstück wird so klein gewählt, daß es mit einer langen Nadel bequem in den Zylinder bis unter den Wasserspiegel eingebracht werden kann. Der Wasserspiegel zeigt nun etwa 60 cm³, also beträgt der Rauminhalt des Holzstückes 20 cm³ (60 cm³ — 40 cm³). Wenn das Gewicht der Probe mit 10 g ermittelt wurde, so ist daraus das spezifische Gewicht $s = \frac{G}{V} = \frac{10}{20} = 0,5$ errechenbar. Aus den bisherigen Entwicklungen ist nun bekannt, daß dies 0,5 kg für 1 dm³, 0,5 t für 1 m³ und 0,5 g für 1 cm³ bedeutet. Das zu bestimmende Holzstück kann man mit heißem Paraffin oder Wachs bestreichen, um ein Aufsagen von Wasser durch das Holz zu vermeiden. Das kleine Stück Holz muß jedoch nach dem Bestreichen nochmals gewogen werden. Soll das so aufgetragene Paraffin oder Wachs in Rechnung gesetzt werden, dann kann man es mit dem spezifischen Gewicht von 1,00 (genauer mit 0,90), also gleich dem des Wassers behandeln. Bei der Gewichtszunahme von ½ g Paraffin wäre dann der Inhalt mit 0,5 cm³ zu berechnen. Beim letzten Beispiel wäre dann die Rechnung: $s = \frac{10,5}{20,5} = 0,51$ kg/dm³. *Mit dem ermittelten spezifischen Gewicht kann nun aus der folgenden Zusammenstellung die Holzartbestimmung einigermaßen ergänzt werden.*

Balsa	0,15	Lärche	0,69
Kiri	0,27	Gleditschie	0,70
Floridazeder	0,37	Mahagoni	0,70
Abachi	0,39	Pfaffenhütchen	0,70
Kalifornische Fichte	0,41	Platane	0,70
Redwood	0,41	Vogelbeerbaum	0,70
Weymouthskiefer	0,41	Holunder	0,71
Tanne	0,41	Kreuzdorn	0,71
Fichte	0,42	Lorbeerbaum	0,72
Sen	0,42	Pitchpine (spr. Pitschpain)	0,72
Zirbelkiefer	0,42	Robinie	0,72
Gabun	0,44	Sommereiche	0,73
Schwarzpappel	0,45	Apfelbaum	0,74
Weide	0,46	Rotulme	0,74
Silberpappel	0,48	Spitzahorn	0,74
Erle	0,49	Weißbuche	0,74
Alerze	0,50	Goldregen	0,75
Fisettholz	0,50	Eibe	0,75
Whitewood	0,50	Esche	0,75
Aspe	0,51	Amarant	0,77
Bleistiftzeder	0,51	Jarrah	0,77
Linde	0,53	Vogelaugenahorn	0,77
Roßkastanie	0,56	Steinbuche	0,78
Cedrela	0,57	Stechpalme	0,78
Rauli	0,57	Zürgel	0,78
Kiefer	0,58	Bambus	0,80
Limba	0,58	Flieder	0,80
Oregonpine	0,58	Pflaumenbaum	0,80
Faulbaum	0,59	Weißdorn	0,80
Edelkastanie	0,59	Sauerdorn	0,81
Sapeli-Mahagoni	0,59	Makoré	0,82
Zypresse	0,60	Hickory	0,83
Bergahorn	0,61	Zerreiche	0,85
Birke	0,61	Fernambuk	0,87
Traubenkirsche	0,61	Rio-Palisander	0,87
Götterbaum	0,62	Doussie	0,88
Haselnuß	0,63	Schneeball	0,89
Nußbaum	0,64	Heckenkirsche	0,90
Flatterulme	0,66	Olive	0,90
Kirschbaum	0,66	Ostindischer Palisander	0,91
Mansonia	0,66	Rosenholz	0,91
Feldahorn	0,67	Westind. Zitronenholz	0,92
Maulbeerbaum	0,67	Liguster	0,93
Teak	0,67	Padouk (sprich Paduk)	0,93
Ramin	0,68	Blauholz	0,95
Rotbuche	0,68	Bruyère (sprich Brüjär)	0,95
Zebrano	0,68	Karri	0,95
Bergulme	0,69	Buchsbaum	0,96
Birnbaum	0,69	Kornelkirsche	0,99
Wintereiche	0,69	Grenadille, Afrik.	1,00

Satinholz	1,00	Steineiche, Echte	1,14
Cocobolo	1,01	Quebracho	1,21
Bubinga	1,02	Kokusholz	1,25
Makassar-Ebenholz	1,04	Pockholz	1,28
Ebenholz	1,08	Veilchenholz	1,30
Pferdefleischholz	1,14	Schlangenholz	1,38

Diese Aufzählung beginnt mit dem leichtesten, dem weißlichen Balsaholz aus Mittel- und Südamerika und endet mit Schlangenholz, dem schwersten der Holzarten. Alle gegebenen Gewichtswerte sind Mittelwerte aus vielen Holzproben. Dies ist auch daraus zu erkennen, daß das zu bestimmende Holz nicht immer das hier eingetragene Gewicht hat, sondern einmal größer und einmal kleiner sein kann. So reicht z. B. das erwähnte leichteste Holz nach den Erfahrungen des Verfassers sogar bis 0,07 (das sind für 1 dm³ nur 70 g und für 1 m³ nur 70 kg) herab, während in der Tabelle der Mittelwert 0,15 steht und in der folgenden Verhältnisdarstellung des leichtesten zum schwersten (da es sich leichter merken läßt) mit 0,12 : 1,2 angegeben wurde. Die in der Zusammenstellung genannten Holzarten können in vier Gruppen eingeteilt werden:

1. in sehr leichte Arten bis zum Gewicht von 0,43;

2. in leichte über 0,43 bis 0,72;

3. in schwere über 0,72 bis 1,00 und

4. in sehr schwere Hölzer mit dem Gewicht über 1,00.

Mit dem Gewicht des Holzes hängen Dichte, Härte, Abnutzung, Dauer und Festigkeit zusammen. Geringes Gewicht will man für Möbel, Dachkonstruktionen, für Kisten, Türen und Fenster, Flugzeugteile und manche andere Erzeugnisse. Auch für den Transport erstrebt man geringes Gewicht und die damit zusammenhängende Trockenheit des Holzes, da frisches Nadelholz etwa 750 kg und frisches Laubholz etwa 1000 kg pro fm (Festmeter) wiegen, während diese Hölzer ohne 25% Feuchtigkeit nur 600 kg bzw. 800 kg pro fm wiegen. Eine Frachtkostensenkung steht damit in Verbindung. — Hohes Gewicht benötigt man für Bildhauerhämmer, z. B. aus Quebracho, Kegelkugeln aus diesem und Pockholz, und hohes Gewicht bringen die Hölzer, von denen große Dichte und Glätte verlangt wird, wie etwa für Hobelsohlen aus Weißbuche, Pockholz und Echter Steineiche.

Auch mögen in diesem Zusammenhang die Gewichtshölzer des Holzhandels Erwähnung finden. Wertvolle Hölzer werden nach Gewicht gehandelt, so Bahia-Rosenholz, Bulletrie (Pferdefleischholz), das Hauptmaterial für Geigenbögen. Pockholz aus Domingo, türkischer Buchsbaum, Nicaragua Cocobolo, um einige von vielen zu nennen.

Der internationale Verband für die Materialprüfung der Technik bezeichnet das Gewicht der Raumeinheit eines Stoffes, der frei von allen Hohlräumen, also ausschließlich von der dem Stoffe eigentümlichen Masse ausgefüllt ist, als spezifisches Gewicht (nach Norm: Reinwichte). Wie steht es damit beim Holz? Dieser Stoff hat Hohlräume. Am Querschnitt der ringporigen Hölzer, wie bei Eiche, Rüster, Esche und Falsche Akazie (Robinie), sind die großen Gefäße oder Poren schon mit freiem Auge zu erkennen.

28

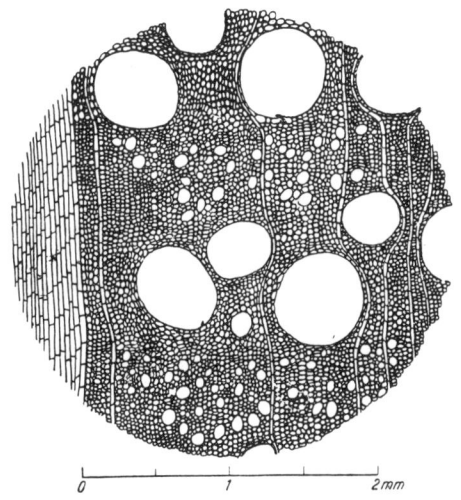

Abb. 30. Querschnitt von feinjähriger Eiche im Mikroskop. Große Löcher sind Frühholzporen (Gefäße) und dazwischen Spätholz.
Schmale, senkrecht laufende Bänder sind Markstrahlen. Links ein breiter, zusammengesetzter Markstrahl. Raumgewicht dieses Holzes beträgt 0,56 kg/dm³, so daß die Holzmasse (Wandraum) 36% und der Porenraum 64% betragen.

Nimmt man einen mit dem Putzhobel erzeugten Hobelspan vom noch etwas feuchten Eschenholz-Querschnitt und hält ihn gegen das Licht, so ist die große Zahl der schon erwähnten Hohlräume zu sehen. Sie treten ganz besonders deutlich im Frühholz hervor; noch besser erkennt man diese zahlreichen Zellhohlräume mit einer Lupe (Abb. 30). So erscheint es verständlich, daß die gegebenen Einheitsgewichte oder spezifischen Gewichtswerte auf eine Holzmasse samt Hohlräumen bezogen wird. Je mehr Poren oder Gefäße und andere Zellhohlräume das Holz durchziehen, desto geringer wird das Einheitsgewicht dieses Stoffes, für das von nun an richtiger Weise die Bezeichnung *Raumgewicht* (Rohwichte) gesetzt werden soll. Würde man Holz zusammenpressen, bis alle Poren verschwinden und mit Holz ausgefüllt sind (Abb. 31), dann würde dem oben erwähnten Begriff spezifisches Gewicht Genüge geleistet (Abb. 32).

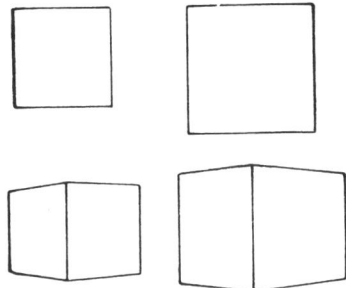

Abb. 31. Eichenwürfel von 1 kg Gewicht. Raumgewicht 0,72 und Kantenlänge 11,2 cm. Eichenwürfel von 1 kg Gewicht ohne Zellhohlräume, also zusammengepreßt, spezifisches Gewicht 1,5 und Kantenlänge 8,7 cm

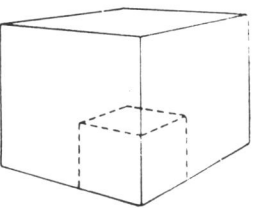

Abb. 32. Großer Würfel aus Balsaholz und kleiner Würfel (strichliert) aus Pockholz mit je 1 kg Gewicht. Raumgewicht 0,12 und 1,2. Kantenlänge 20,3 und 9,4 cm

So kommt man ungefähr auf den Wert 1,5; d. h., 1 dm³ Holzmasse ohne Hohlräume wiegt rund 1,5 kg oder 1 m³ = 1,5 t = 1500 kg und 1 cm³ = 1,5 g. Beispiel: ein Eichenwürfel vom Gewicht 1 kg beim Raumgewicht 0,72 hat eine Kantenlänge von 11,2 cm. Zusammengepreßt, also ohne Hohlräume der Zellen mit demselben Gewicht von 1 kg, also mit spezifischem Gewicht 1,5, hätte der Würfel eine Kantenlänge von 8,7 cm.

Pilzbefall ändert nicht nur die Farbe, sondern auch das Gewicht des Holzes; es wird geringer. So liegt z. B. ein Stück Eschenholz vor, das ein Raumgewicht von 0,34 besitzt. Die vorher gegebene Gewichtstabelle zeigt für Esche einen Raumgewichtswert von 0,75. Das vorliegende Stück pilzbefallene Esche besitzt also nur etwa 46% des normalen Gewichts. Es handelt sich um sehr eng gewachsenes (schon dadurch geringes Gewicht) und um pilzbefallenes, also faules Holz.

Abb. 33. Deutliche Risse an Rotbuchenscheitern

Abb. 34. Schälriß von Fichte

Andere Veränderungen des Holzes und ihre Ursachen. An Baumstümpfen und an aufgestapeltem Brennholz sieht man starke Risse (Abb. 33), die meist radial, manchmal auch im Sinne der Jahresringe (Schälrisse) verlaufen (Abb. 34). Am neu gelegten Fußboden ist oft zu beobachten, daß zwischen den Brettern breite Fugen entstanden sind (Abb. 35). Die auf der Rückseite eines Reißbrettes (aus Lindenholz oder Aspe) und eines fichtenen Kuchenbrettes in eine Nut eingeschobenen Gratleisten aus Rotbuche sind locker geworden (Abb. 36). Auch an Türfüllungen aus Kiefer muß eine Veränderung stattgefunden haben, denn sie zeigen jetzt an zwei gegenüberliegenden Seiten das helle ungestrichene Holz (Abb. 37). Ein anfangs quadratisch zugerichtetes Rotbuchenstück wurde nach einiger Zeit rhombisch (Abb. 38). Der Querschnitt zeigt also keine rechten Winkel mehr, so daß eine Diagonale, die Verbindung zweier gegenüberliegenden Ecken, besonders kurz erscheint. Ein anderes quadratisches Kantholz zeigt später ungefähr rechteckigen Querschnitt (Abb. 39).

Abb. 35. Breite Fugen zwischen den Fußbodenbrettern

Abb. 36. Gratleiste

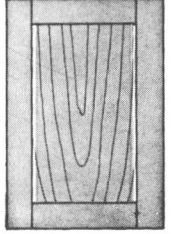

Abb. 37. An der Türfüllung sind seitlich helle Streifen sichtbar geworden

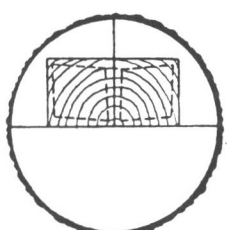

Abb. 38. Quadratisch zugerichtete Rotbuchenstücke erhielten nach einiger Zeit rhombischen Querschnitt (siehe gestrichelte Linien)

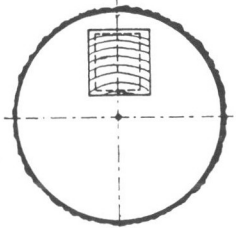

Abb. 39. Quadratisch zugerichtete Rotuchenstücke erhielten nach einiger Zeit rechteckigen Querschnitt (siehe gestrichelte Linien)

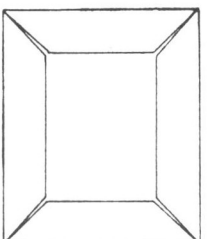

Abb. 40. Der Bilderrahmen zeigt an den Gehrungen sich nach innen öffnende Fugen

31

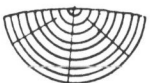

Abb. 41. Der Spiegel-
schnitt am Halbholz
der Birke ist nach dem
Trocknen konvex ge-
worden

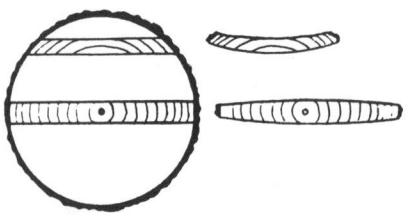

Abb. 42. Seitenbrett vor und nach dem Trocknen,
es entstehen eine rechte konvexe und eine
linke konkave Seite. Mittelbrett vor und nach
dem Trocknen, es entstehen 2 konvexe Flächen

Abb. 43. Gespaltetes Holz eines drehwüchsigen
Stammes

Bei einem Bilderrahmen zeigen sich auch Veränderungen. Die Gehrungsstöße der
Leisten sind nicht mehr dicht, zahnen also nach dem Bild zu etwas unschön auseinander (Abb. 40). Ein gedrechseltes Holztablett aus Erle ist etwas krumm geworden
(Abb. 48). Ein Halbholz aus Birke, dessen radiale Schnittfläche anfangs vollständig
eben war, ist rund geworden (Abb. 41). Eine starke Veränderung ist auch bei einem
Rotbuchenseitenbrett zu beobachten. Es ist auf der einen Seite, dem Kern zu, rund
(konvex) und auf seiner anderen, dem Splint zu, hohl (konkav) geworden; indessen
zeigt ein Mittelbrett auf beiden Seiten nach außen runde (konvexe) Flächen (Abb. 42).

Besonders augenfällig ist die Veränderung bei einem vorliegenden Birnbaumbrett festzustellen. Es ist nach zwei Seiten krumm geworden, der Praktiker sagt, es ist windschief (Abb. 44). Die Schubkästen (Schubladen) eines Schrankes, der einige Zeit im
feuchten Raum stehen mußte, lassen sich nicht mehr herausziehen. Hier sind Verände-

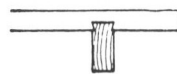

Abb. 44. Windschiefes Brett, aus drehwüchsigem Holz entstanden

Abb. 45. Radial geschnittene Fußbodenbretter ergeben nur geringe Fugen nach dem Trocknen.

Abb. 46. Grat- oder Einschubleisten sollen nach Möglichkeit hoch sein und die Jahre aufrecht haben, um die Veränderungen auf ein geringes Maß herabzusetzen

rungen vor sich gegangen, die man wohl beim Gebrauch feststellen, aber nicht sehen kann. An einem Kiefernast gibt es deutliche Veränderungen. Die Brettfläche ist gegenüber der Aststelle etwas vertieft. Mit den Fingerspitzen fühlt man die Unebenheiten. Der Ast selber zeigt außerdem deutliche Risse.

Aus den angeführten Beispielen ist ersichtlich, daß sich Holz auf verschiedene Weise verändern kann. Der Querschnitt des Baumstumpfes hat Feuchtigkeit abgegeben, bei direkter Sonnenbestrahlung sogar sehr rasch, so daß sich die verschieden gerichteten (Fasern und Markstrahlen) Holzteile zusammenzogen. Diese entstehenden Spannungen wurden durch Risse gelöst.

Die Oberflächen der Fußbodenbretter zeigen deutliche Fladern, die als Merkmale des Tangentialschnitts schon bekannt sind. Es ist zu merken, daß Holz in diesem Schnitt besonders stark schwindet, so daß sich daraus die Forderung ergibt, für diesen Zweck nicht tangentiale, sondern radiale Bretter zu nehmen (Abb. 45). An ihnen sieht man die parallelen Linie der aufrechtstehenden Jahre.

Stark geschwunden sind aus demselben Grunde auch die Grat- oder Einschubleisten des Reiß- und Kuchenbrettes (Abb. 46). Bei richtiger Verarbeitung müssen sie im Querschnitt aufrechte Jahre zeigen, die zur Brettfläche senkrecht stehen. Außerdem ist es ratsam, sie hoch genug zu machen, damit die Bretter in der Ebene bleiben.
Auch die Türfüllung ist durch Trocknung schmäler geworden, so daß die unter dem Rahmenholz befindlichen ungestrichenen Füllungsteile zum Vorschein kamen.

Das anfangs quadratische Holz war noch sehr feucht und ist auch in Richtung der Jahresringe, also wieder tangential, wesentlich kleiner geworden. In Richtung der Markstrahlen ist also der Schwund geringer (Abb. 47).

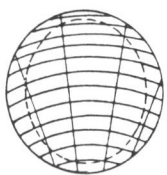

Abb. 47. Eine Walze aus frischem Holze gedrechselt ergibt nach dem Trocknen einen elliptischen Querschnitt

Dreht man aus frischem Holz, etwa Rotbuche, eine Walze von 100 mm Durchmesser und läßt sie langsam trocknen, dann entsteht aus dem anfangs kreisrunden Querschnitt ein elliptischer. Die kleine Achse der Ellipse mißt dann nur etwa 90 mm und die große Achse 95 mm, d. h., der Schwund in tangentialer Richtung beträgt 10 mm (100—90), also 10%, der der in radialer nur 5 mm, 5% (100—95), das ist nur die Hälfte. Diese Zahlenwerte sind für das Schwinden im allgemeinen zu merken.

3

Den Schwund in der Faserrichtung des Holzes braucht der Praktiker nicht zu berücksichtigen. Er beträgt bei 1 m Länge oder 1000 mm etwa 1 mm, das ist nur 1‰. Eine Ausnahme macht das sogenannte Druckholz (s. auch Teil IV „Fachausdrücke"). Es schwindet besonders stark, auch in der Längsrichtung. So ist es nötig, diese am exzentrischen Querschnitt der Nadelhölzer auffallenden besonders breiten und spätholzfarbenen Jahresringteile herauszuschneiden.

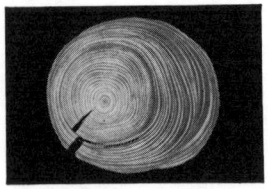

Die Leisten des Bilderrahmens sind in der Breite geschwunden. Diese starke Veränderung läßt sich durch die Verwendung von gut trockenem Material und radial geschnittenen Leisten auf ein Geringes herabsetzen: dann entsteht keine sichtbare Fuge.

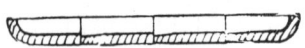

Abb. 48. Ein gedrechseltes Tablett besteht aus gefügten Erlenbrettern. Beim weiteren Nachtrocknen werden die Splintteile besonders betroffen

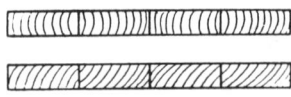

Abb. 49. Kern an Kern und Splint an Splint verleimen!

Das erlene Holztablett hat sich geworfen. Es besteht aus Brettern, die wahllos verleimt sind. Um eine Ebene zu erhalten, ist es nötig, die schmalen Brettstücke so zu fügen, daß in verleimtem Zustande die Markstrahlen gleichlaufen (Abb. 48). Dazu gilt der Satz: Gleichartig schwindende Teile, Kern an Kern und Splint an Splint, verleimen (Abb. 49). Am Halbholz der Birke sind die äußeren jüngeren Teile rund geworden, während die Mitte blieb. Die äußeren Teile sind durch die Nährstoffleitung besonders feucht, sie geben also beim Trocknen viel Feuchtigkeit ab und schwinden. — Derselbe Grund liegt auch bei den nachher beschriebenen Veränderungen der beiden Rotbuchenbretter vor.

Beim Seitenbrett weist die dem Splint zugekehrte Fläche viel mehr junges Holz auf als die nach dem Kern zu liegende. Erstere, die hohl gewordene, bezeichnet der Praktiker als linke Seite und letztere, die bauchige, als rechte. Beim Mittelbrett sind für die Veränderungen vor allem die Splintränder maßgebend. Sie schwinden besonders stark und zwingen das übrige Holz zur Wölbung.

Besonders unangenehm ist das erwähnte Windschiefwerden. Es kommt bei Holz von drehwüchsigen Bäumen vor (Abb. 50 und Abb. 43). Birnbaum und Roßkastanie sind besonders häufig drehwüchsig. Bei ganz kurz geschnittenem Holz wirkt sich dieser spiralige Faserverlauf nur wenig oder gar nicht aus, aber Bretter, Bohlen und Balken aus solchem Holz werden mehr oder weniger windschief (je nach Faserneigung) und scheiden für die meisten Verwendungszwecke aus. — Die Schubkästen des Schrankes sind durch Feuchtigkeitsaufnahme gequollen, haben also an Rauminhalt zugenommen. Der Ast stellt ein sehr dichtes und hartes Stück inmitten seiner Umgebung vor. Das Holz trocknet, und zwar ist die Trocknung und damit auch der Schwund des Astes (Querschnitt!) und des ihn umgebenden Holzes (Längsschnitt!) ungleich. So entstehen Spannungen, durch die der Riß sich bildet (Abb. 51). Alle diese Veränderungen des Holzes, wie Schwinden, Werfen, Windschiefwerden, Reißen und Quellen, heißt man kurz das *Arbeiten* des Holzes.

34

Holz ist ein gewachsener Stoff, also ein Teil einer Pflanze, die zum Leben Wasser braucht. In Zellen des jungen Teils steigen die im Wasser gelösten Nährstoffe hoch.

Wird der Stamm stärker, dann steigt damit die Zunahme dieser Wasserleitungsrohre nicht im gleichen Verhältnis. Eine Anzahl dieser Röhren wird verstopft (z. B. durch sog. Füllzellen oder Thyllen bei Eiche) und so dem Leben entzogen. So ist es erklärlich, daß

Abb. 50. Drehwuchs des Birnbaumes

Abb. 51. Äste sind von besonderer Härte inmitten weicherer Umgebung, so daß sich ein Trocknen in erster Linie bei den Teilen auswirkt, die die dichteste Holzmasse haben

Abb. 52. Stäbchenmittellage einer Tischlerplatte mit Schälfurnierteilen, die alle aufrechte Jahre haben und damit den geringsten Schwund in der Plattenbreite ergeben

beim Trocknen des Holzes Veränderungen stattfinden, die in den äußeren und inneren Teilen verschieden sind. Ist dazu die Holzmasse groß, d. h., sind die Zellen engräumig und dickwandig, so ist auch zur Veränderung mehr Holzmasse vorhanden: die Veränderungen sind folglich bedeutend. Holz ist hygroskopisch, d. h., es gibt stets Feuchtigkeit ab und nimmt sie auf, wie es Haare, Wolle, Saiten und Alkohol tun. Also ist das Arbeiten bei den harten Hölzern stärker als bei den anderen. Um das Holz für all die tausend Dinge verarbeiten zu können, muß es durch sorgsame Pflege ruhig gemacht werden. Dazu ist eine geregelte Trocknung erforderlich, und dann sind passende Holzverbindungen anzuwenden. Eine starke Verkleinerung der Konstruktionsteile ist dazu nötig. So ist z. B. das Furnier als ein sehr dünnes Brett schon ein Mittel gegen diese Unruhe im Holz. Natürlich muß auch die Unterlage des Furniers ruhig sein. Die Tischlerplatte, die Furnierplatte und besonders die Spanplatte stellen Holzflächen dar, die in der Form bleiben. Erstere besteht oft aus etwa 7 mm dicken Stäbchen, den dünnen Stücken eines Schälfurniers, und aus zwei Absperrfurnieren, die diese Mittellage überdecken (Abb. 52). Bei Furnierplatten sind die Schälfurniere kreuzweise übereinandergeleimt. Aus solchen Teilen ist ein modernes, sogenanntes echtes Möbelstück gebaut. Es kommt in einen Raum mit moderner Ofen- oder Zentralheizung. Es ist also nötig, daß das Holz einen recht geringen Feuchtigkeitsgrad hat, da es sich sonst unliebsam verändert. Holz an der Luft getrocknet, man heißt es lufttrockenes Material, hat etwa 15% Feuchtigkeit, dagegen künstlich getrocknetes nur etwa 10%. Heute wird das Holz sehr oft künstlich getrocknet, um vor allem die lange Zeit des natürlichen Trocknens zu verkürzen, also statt etwa 1—2 Jahre für Nadelholz und 3—4 Jahre für Laubholz nur wenige Tage. Künstliche Trocknung wird auch angewandt, um das Holz auf sehr geringen Feuchtigkeitsgehalt zu bringen, die Lieferzeit, Kapitalzinsen, Frachtsätze und Frachträume herabsetzen, um Pilze und Insekten zu vernichten und um das Harz (bei harzhaltigen Nadelhölzern) an die Oberfläche zu bringen. Man braucht zur künstlichen Holztrocknung 1. Wärme zum Verdunsten der Feuchtigkeit im Holz, 2. Feuchtigkeit zum Durchfluß der im Innern befindlichen Feuchtigkeit und 3. Luftbewegung zum Wegtragen der feuchten und zum Heranführen frischer, vorgewärmter Luft. Werden diese drei Faktoren, insbesondere die Feuchtigkeit, richtig angewandt, dann behält auch das Holz seine Eigenschaften.

Zur Bestimmung der Holzart ist endlich noch in manchen Fällen die Betrachtung der Rinde und des Blattes von Nutzen. So erscheint es zweckmäßig, die Holzarten nach glatter, borkiger und abblätternder Rinde zu unterscheiden. Dabei ist zu beachten, daß diese Einteilung der Bäume im schlagfähigen Alter gilt, denn im jungen Zustand haben sie meist glatte Rinden.

Auch das Blatt verhilft zur Holzbestimmung. Die Unterscheidung in einfaches, zusammengesetztes und nadelförmiges Blatt bildet hierfür die Grundlage.

II. Bestimmung des Holzes

Die Bestimmung des Holzes kann nach folgenden Merkmalen vorgenommen werden:

Nr. 1 Farbe (bei Kernholzbäumen ist die Kernholzfarbe maßgebend)

    a) weißlich Seite 43 Gruppe 1—5
    b) gelblich Seite 44 Gruppe 1—5
    c) grünlich Seite 45 Gruppe 1—4
    d) rötlich Seite 46 Gruppe 1—13
    e) bräunlich Seite 49 Gruppe 1—8
    f) schwärzlich Seite 50 Gruppe 1

Nr. 2 Einfarbigkeit (ohne dunkle Kernfarbe)
       und Zweifarbigkeit (Kern- und Splintfarbe)

    a) einfarbig Seite 51 Gruppe 1—10

    b) zweifarbig Seite 53 Gruppe 1—25

Nr. 3 Jahre am Querschnitt

    a) deutlich Seite 58 Gruppe 1—12

    b) undeutlich Seite 60 Gruppe 1—24

Nr. 4 Zeichnung am Längsschnitt Seite 65

    a) deutlich

    b) in zarten Linien noch zu erkennen

    c) undeutlich bis unkenntlich

Nr. 5 Spiegel am Längsschnitt Seite 66

a) deutlich

b) undeutlich

Nr. 6 Poren im Querschnitt Seite 66

a) vorhanden

b) nicht vorhanden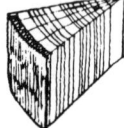

aa) ringporig

bb) zerstreutporig

Nr. 7 Härte Seite 67

a) weich

b) hart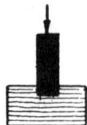

Nr. 8 Gewicht Seite 68

    a) sehr leicht
    b) leicht
    c) schwer
    d) sehr schwer

Nr. 9 Geruch (deutlich wahrnehmbar) Seite 69

    a) Harzgeruch
    b) aromatischer Zederngeruch
    c) säuerlicher Geruch
    d) Gerbsäuregeruch
    e) angenehm süßlicher Geruch
    f) kautschukartiger Geruch
    g) eigener Geruch der Holzart
    h) unangenehmer Geruch
    i) Ledergeruch

Nr. 10 Harzgänge Seite 69

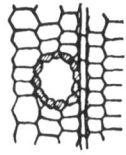

Nr. 12 Rinde Seite 70

a) glatt    b) abblätternd    c) borkig

Nr. 13 Blatt Seite 71

a) einfach

b) zusammengesetzt

c) nadelförmig

Wir wählen nun ein Merkmal des Holzes für die Bestimmung (Teil 1 bis 7, Seite 37 und 39), das an der zu bestimmenden Holzart besonders deutlich hervortritt.
Manchmal ist es günstig, dazu noch ergänzende Zusammenstellungen (Nr. 8 bis 12, Seite 38 und 39) heranzuziehen; die Holzmuster sind stets zur Bestimmung zu benutzen.
Zu dem nachstehenden Verzeichnis der Holzarten befinden sich mit Ausnahme von Pockholz alle Holzarten als Muster auf den Tafeln. Von den beiden Palisanderarten ist nur eine Art vertreten.

Abachi	Gabun	Pitchpine
Ahorn	Hickory	Pockholz
Falsche Akazie	Kiefer	Redwood
Apfelbaum	Kirschbaum	Rosenholz
Aspe	Lärche	Roßkastanie
Birke	Limba	Rotbuche
Birnbaum	Linde	Tanne
Bleistiftzeder	Mahagoni	Teak
Buchsbaum	Makoré	Ulme (Rüster)
Ebenholz	Nußbaum	Weide
Eibe	Oregonpine	Weißbuche
Eiche	Palisander	Whitewood
Erle	Ostindischer P.	Zebrano
Esche	Rio-Palisander	
Fichte	Pflaume	

Vier Beispiele zeigen den Weg zur Bestimmung des Holzes

1. Beispiel

Ein Kantel von 25 cm Länge und 4 cm x 2,5 cm Querschnitt liegt zur Holzbestimmung vor; welche Holzart ist es?

Da die Holzfarbe normal erscheint, beginnen wir mit der Bestimmung nach *Nr. 1 Farbe*. Das Holz sieht bräunlich aus. Wir finden auf S. 49 bei e) *Holz ist bräunlich* und lesen bei Gruppe 1: *braun im Kern und gelb im Splint*.

Dann heißt es *zweifarbig*. Das wird richtig sein, da die dunkle Holzfarbe einer Kernfarbe gleicht, wozu eine Splintfarbe gehört. Sie ist jedoch an unserem Holzstück nicht zu sehen, da der Splint fehlt.
Weiter: *Jahre deutlich*. Die Jahre sind am etwas angeschnittenen Querschnitt sehr gut zu erkennen.
Ferner: *Poren vorhanden*. Das stimmt auch.

Dann heißt es: *Spiegel undeutlich*. An unserem Holz sind die Spiegel sehr gut zu sehen. Also stimmt unsere Gruppe 1 nicht mehr.

Wir gehen zur Gruppe 2 über, wo es heißt: *braun im Kern und gelblich im Splint, zweifarbig, Jahre undeutlich*. Letzteres stimmt nicht, so daß wir zur Gruppe 3 übergehen müssen (s. S. 49).

Hier heißt es: *braun bis rötlichbraun im Kern und heller im Splint* und weiter: *zweifarbig, Jahre deutlich, Poren vorhanden, Spiegel deutlich.* Das stimmt bis jetzt alles.

Auch die Eigenschaft *hart* hat unser Holz, ein einfaches Anhobeln oder Anschneiden mit dem Messer bestätigt es, schon mit dem Fingernagel läßt sich die Härte einigermaßen feststellen.

Der letzte Punkt ist dann: *Harzgänge keine.* Am Querschnitt und auch am Längsschnitt unseres Kantels sind keine Harzgänge zu erkennen. Wir wissen, daß Hölzer mit Poren (Laubhölzer) keine Harzgänge haben.

Die Lösung ist: *Ulme (Rüster).*

Auch die erwähnten Eigenarten (S. 49) sind zu erkennen.

2. Beispiel

Zur Bestimmung liegt ein Abschnitt eines Mittelbrettes von 20 cm Breite und 26 mm Dicke vor. Welches Holz ist das?

Es ist weißlich: wir finden bei *Nr. 1 Farbe* a) *Holz ist weißlich* in der Gruppe 1 (s. S. 37). Es heißt dann weiter: *einfarbig, Jahre undeutlich,* auch das stimmt einigermaßen. *Poren vorhanden,* stimmt auch.

Aber *Spiegel undeutlich,* stimmt nicht, die Spiegel (Markstrahlen im Längsschnitt) sind bei unserem Holz sogar sehr deutlich.

Also suchen wir bei Gruppe 2 weiter: *einfarbig* stimmt, *Jahre undeutlich,* stimmt auch, *Spiegel deutlich* stimmt wieder und *hart* ist es auch. *Harzgänge keine* ist auch richtig.

Nun sind es 2 Lösungen. *Ahorn* oder *Rotbuche.* Welche von beiden ist richtig? Wir lesen unter *Eigenarten* nach und erkennen am Fehlen der dunklen Striche (Markstrahlen im Schnitt) am Fladerschnitt, daß es sich nur um Ahorn handeln kann. Unser Holz können wir auch nach *Nr. 2 Einfarbigkeit und Zweifarbigkeit* oder nach Nr. 3 oder auch nach Nr. 4 bestimmen.

Die Ergänzungsbestimmung nach *Nr. 11 Rinde* ist hier möglich, da unser Brett die Rinde noch trägt. Sie ist deutlich *abblätternd.* So finden wir bei *Nr. 12 Rinde* im Teil b) *abblätternde Rinde* den *Bergahorn.*
Haben wir sogar noch ein *Blatt* unseres Holzes, so ist aus *Teil III, Beschreibung der Holzarten,* unsere Lösung zu bestätigen.

3. Beispiel

Die Holzart eines kleinen quaderförmigen Stückes soll bestimmt werden.

Es zeigt zwei Farben, ein Rotbraun und einen schmalen gelblichen Rand. Wir wissen aus Teil I *Wichtige Eigenschaften des Holzes und Hinweise zur Bestimmung der Holzart,* daß es sich dabei um Kern- und Splintfarbe handelt.

Diesmal gehen wir bei der Bestimmung nach *Nr. 2 Einfarbigkeit und Zweifarbigkeit.* Für uns gilt Teil b) *Holz ist zweifarbig* (s. S. 53).

Erst in Gruppe 6 finden wir die bezeichneten und ähnlichen Farben *rötlich im Kern und heller im Splint.* Es ist leicht möglich, daß wir uns in den Farben etwas täuschen oder daß die unseres Holzes den angegebenen nicht ganz entsprechen. Trotzdem, wenn auch etwas später, kommen wir zur richtigen Lösung.

Wir lesen weiter: *Jahre undeutlich,* stimmt nicht.

Also gehen wir zur Gruppe 7 über: *rötlich im Kern und gelblich im Splint, Jahre undeutlich,* stimmt nicht.

Bei Gruppe 8 heißt es wieder *rötlich im Kern und gelblich im Splint, Jahre deutlich,* stimmt. *Poren vorhanden,* stimmt nicht.

Bei Gruppe 9 stimmt schon die Farbe *rötlichviolett im Kern* nicht.

Bei Gruppe 10 ist die Farbe richtig. *Jahre deutlich, Poren keine, Spiegel undeutlich,* das ist alles richtig, *weich* ist das Holz auch und *Harzgänge sind vorhanden;* wir sehen sie beim richtigen Lichteinfall als dunkle Striche.

Am Ende der Gruppe finden wir drei Ergebnisse: *Kiefer, Lärche* und *Oregonpine.* Welches von ihnen ist es? Wir gehen die am Ende der Gruppe aufgeführten Eigenarten durch: Oregonpine kann es nicht sein, da dem Kern der angegebene Rosaschimmer fehlt. Die Splintbreite ist nicht festzustellen, da der Splint nur zum Teil vorhanden ist.

Das Spätholz ist nicht besonders ausdrucksvoll, so daß es sich wohl um *Kiefer* handelt. Das Raumgewicht dieses Quaders läßt sich leicht feststellen, wie Teil I, *Wichtige Eigenschaften des Holzes und Hinweise zur Bestimmung der Holzart,* zeigt. Wir teilen das Gewicht der Probe (60 g) durch ihren Rauminhalt (8 cm x 4,5 cm x 3 cm = 108 cm³) und erhalten rund 0,56 g/cm³ oder 0,56 kg/dm³ oder auch 560 kg/m³ als Raumgewicht. Vergleicht man diesen Gewichtswert mit dem der Kiefer und Lärche in der Tabelle S. 27, so wird unser Ergebnis *Kiefer* bestätigt.

4. Beispiel

Aus welchem Holz ist der vorliegende gedrechselte Rundstab mit 25 mm Durchmesser, 30 cm Länge? Die Zeichnung am Längsschnitt ist ganz besonders deutlich; dunkelbraune Streifen treten auffallend hervor. Deshalb probieren wir unsere Holzbestimmung einmal nach *Nr. 4 Zeichnung am Längsschnitt* a) *deutlich,* gehen diese hier angeführten Holzarten der Reihe nach durch und benutzen die am Ende jeder Holzart angegebene Nummer (s. S. 65).

1 c/1 bei *Falscher Akazie* bedeutet Nr. 1 *Farbe* und c) *Holz ist grünlich.* Das stimmt nicht. Dann folgt bei *Eiche* 1 b/4, wobei es bei b) heißt *Holz ist gelblich.* Gruppe 4 gehen wir genau durch. *Gelbbraun im Kern* kann einigermaßen stimmen.

Ob es *zweifarbig* (Kern- und Splintfarbe) ist, kann man nicht sehen. *Jahre deutlich* stimmt nicht. Die dritte Holzart heißt *Esche* mit 1 a/5, wobei a) *weißlich* nicht stimmt, auch bei *Fichte* 1 a/3 ist es so. Hickory, Kiefer, Lärche, Oregonpine, Pitchpine und Redwood kann es aus dem gleichen Grunde nicht sein.

Teak, mit 1 e/1 e) *Holz ist bräunlich,* stimmt auch nicht. So bleibt uns am Ende noch *Zebrano* mit 1 b/3, *gelblich und braunschwarze Streifen,* das trifft für unseren Holzstab zu, *Jahre undeutlich* stimmt, ebenso *Poren vorhanden,* denn man erkennt sie am Querschnitt genau. *Spiegel undeutlich* stimmt auch. Das Holz ist *hart* und das letzte Kennzeichen *Harzgänge keine* wird bereits durch das Vorhandensein der Poren (Laubholz!) bestätigt.

Das Ergebnis lautet: *Zebrano.*

Etwas schneller wären wir zum Ziel gekommen, wenn wir von *Nr. 1 Farbe* ausgegangen wären.

Ein Vergleich der zu prüfenden Holzart mit den 40 Holzfarbmustern ist ratsam.

42

Bestimmungstabellen

Nr. 1 Farbe

a) Holz ist **weißlich**

1 *Aspe, Roßkastanie*	Eigenarten:
einfarbig	*Aspe* weicher und leichter als Roßkastanie, lok-
Jahre undeutlich	ker und filzig, rauhere Flächen
Poren vorhanden	*Roßkastanie* härter und schwerer als Aspe, dicht
Spiegel undeutlich	und speckig, glatte Flächen
weich	
Harzgänge keine	

2 *Ahorn, Rotbuche*	Eigenarten:
einfarbig	*Ahorn* am Fladerschnitt keine dunklen Striche
Jahre undeutlich	sichtbar
Poren vorhanden	*Rotbuche* am Fladerschnitt kurze deutliche Striche
Spiegel deutlich	(quergeschnittene Markstrahlen) sichtbar, auch
hart	manchmal etwas ins Gelbliche und Graurötliche,
Harzgänge keine	sehr oft rötlich (falscher Kern und gedämpft)

3 *Fichte*	Eigenarten:
einfarbig	*Fichte* Frühholz ist hell (weißlich) und weich, Spät-
Jahre deutlich	holz ist dunkel (braun) und hart
Poren keine	
Spiegel undeutlich	
weich	
Harzgänge vorhanden	

4 *Weißbuche*	Eigenarten:
einfarbig	*Weißbuche* Jahresringe wellig, Farbe öfters etwas
Jahre undeutlich	grau und schwach bräunlich
Poren vorhanden	
Spiegel undeutlich	
hart	
Harzgänge keine	

5 *Esche*	Eigenarten:
einfarbig	von *Esche* wird hauptsächlich der Splint (weißlich-
Jahre deutlich	gelblich) verarbeitet, braune Farbe des Kerns
Poren vorhanden	unbeliebt
Spiegel undeutlich	
hart	
Harzgänge keine	

b) Holz ist **gelblich**

1	*Birke, Limba, Buchsbaum* einfarbig Jahre undeutlich Poren vorhanden Spiegel undeutlich hart Harzgänge keine	Eigenarten: *Birke* glänzend, manchmal rötlicher falscher Kern, feine Nadelrissigkeit *Limba* starke Nadelrisse, exotisches Aussehen, außer gelblich bis schwach grünlich auch nußbaumfarben *Buchsbaum* ohne Glanz, gelb, sehr fein, Poren kaum sichtbar, deshalb ohne Nadelrisse, auffallend dicht und glatt
2	*Linde, Abachi* einfarbig Jahre undeutlich Poren vorhanden Spiegel undeutlich weich Harzgänge keine	Eigenarten: *Linde* Lindengeruch, öfter auch etwas streifig *Abachi* gelblicher als Linde, Nadelrisse, wesentlich leichter als Linde
3	*Zebrano* gelblich und braunschwarze Streifen zweifarbig Jahre undeutlich Poren vorhanden Spiegel undeutlich Harzgänge keine	Eigenart: *Zebrano* meist unangenehmer Geruch; deutliche Fladern durch die braunschwarze Farbe
4	*Eiche* gelbbraun im Kern und gelblich im Splint zweifarbig Jahre deutlich Poren vorhanden Spiegel deutlich hart Harzgänge keine	Eigenart: *Eiche* Gerbsäuregeruch, großporig = stark nadelrissig
5	*Tanne* gelblich und schwach bläulich einfarbig Jahre deutlich Poren keine Spiegel undeutlich weich Harzgänge keine	Eigenarten: *Tanne* Frühholz ist hell (gelblich und schwach bläulich) und weich, Spätholz ist dunkel (braun) und hart; frisch: säuerlicher Geruch

c) Holz ist **grünlich**

---

1 *Falsche Akazie*
   grünlich im Kern
   und gelblich im Splint
   zweifarbig
   Jahre deutlich
   Poren vorhanden
   Spiegel deutlich
   hart
   Harzgänge keine

Eigenart:
Falsche Akazie Splint schmal, sehr ausdrucksvoll im Querschnitt, Poren ausgefüllt (Thyllen)

---

2 *Whitewood*
   grünlich im Kern
   und gelblich im Splint
   zweifarbig
   Jahre undeutlich
   Poren vorhanden
   Spiegel undeutlich
   weich
   Harzgänge keine

Eigenarten:
Whitewood Splint breit und oft etwas violett und bräunlich, der grünliche Kern wird am Licht gelbbraun

---

3 *Pockholz*
   grünlich im Kern
   und gelblich im Splint
   zweifarbig
   Jahre undeutlich
   Poren vorhanden
   Spiegel undeutlich
   hart
   Harzgänge keine

Eigenarten:
Pockholz Kern anfangs braun (siehe auch bei Holz ist bräunlich!) und wird an Luft, Licht und durch Nässe erst grünlich, Geruch kautschukähnlich und für Pockholz charakteristisch, besondere Härte und hohes Gewicht, bei Erwärmung des Kernholzes erfolgt Harzfluß

---

4 *Limba*
   schwach grünlich bis gelblich
   und dazu oft nußbaumfarben
   einfarbig und zweifarbig
   Jahre undeutlich
   Poren vorhanden
   Spiegel undeutlich
   hart
   Harzgänge keine

Eigenarten:
Limba stark nadelrissig, exotisches Aussehen

d) Holz ist **rötlich**

---

1 *Apfelbaum*
rötlich im Kern
und heller im Splint
zweifarbig
Jahre undeutlich
Poren vorhanden
Spiegel undeutlich
hart
Harzgänge keine

Eigenarten:
Apfelbaum gedämpft dunkelrotbraun, Apfelbaumholz ist meist lebhafter gezeichnet, härter und
meist schwerer als Birnbaumholz, Spiegel nicht
immer undeutlich

---

2 *Erle*
rötlich am gesamten Querschnitt
einfarbig
Jahre undeutlich
Poren vorhanden
Spiegel undeutlich
weich
Harzgänge keine

Eigenarten:
Erle frisch getrocknet gelbrötlich, häufig kleine
braune Flecken (Markflecken), Erlenholzgeruch

---

3 *Birnbaum*
schwachrötlichgrau
am gesamten Querschnitt
einfarbig
Jahre undeutlich
Poren vorhanden
Spiegel undeutlich
hart
Harzgänge keine

Eigenarten:
Birnbaum ohne Glanz, oft mit rotbraunem falschem Kern, gedämpft schön rotbraun, jung ist
das Holz gelblich, Birnbaumholz ist meist einfarbiger und ruhiger in der Zeichnung als Apfelbaumholz

---

4 *Weide*
rötlich im Kern
und weißlich im Splint
zweifarbig
Jahre undeutlich
Poren vorhanden
Spiegel undeutlich
weich
Harzgänge keine

Eigenart:
Weide Kern ist oft etwas rosafarben
Holz bearbeitet sich (im Gegensatz zu Pappel)
sehr gut. Es läßt sich ganz glatt schneiden und
zeigt sich nicht filzig

---

5 *Hickory*
rötlich bis bräunlich im Kern
und gelblich im Splint
zweifarbig
Jahre deutlich
Poren vorhanden
Spiegel undeutlich
hart
Harzgänge keine

Eigenarten:
Hickory Splint breit und besonders oft verwendet,
nadelrissig, schwer

---

6 *Bleistiftzeder*
rötlich-violett im Kern
und gelblich im Splint
zweifarbig
Jahre undeutlich
Poren keine
Spiegel undeutlich
weich
Harzgänge keine

Eigenarten:
Bleistiftzeder starker Zederngeruch, Kern wird
sehr bald an Licht und Luft rötlichbraun

---

7 *Kiefer, Lärche, Oregonpine*
rotbraun im Kern
und gelblich im Splint
zweifarbig
Jahre deutlich
Poren keine
Spiegel undeutlich
weich
Harzgänge vorhanden

Eigenarten:
Kiefer Splint breit, Kernfarbe erscheint nach eini-
ger Zeit, Spätholz ist dunkel (braun) und hart,
meist leichter als Lärchenholz.
Lärche Splint schmal, Kernfarbe erscheint gleich,
Spätholz ist dunkel (braun), hart und besonders
ausdrucksvoll.
Oregonpine Splint schmal und sich wenig vom
Kern abhebend, Kern mit Rosaschimmer an Licht
und Luft rasch erscheinend, feine gleichmäßige
Jahre (im Querschnitt öfters wellig), Holz fühlt
sich sehr oft trocken an. Terpentinölgeruch!

---

8 *Pitchpine*
rotbraun im Kern
und gelblich im Splint
zweifarbig
Jahre deutlich
Poren keine
Spiegel undeutlich
hart
Harzgänge vorhanden

Eigenarten:
Pitchpine durch besonders dickes harziges Spätholz, härter und schwerer als Gemeine Kiefer,
Lärche und Oregonpine, Späne von Pitchpine
sind gelblich, von Oregonpine rötlich

---

9 *Redwood*
rosafarben im Kern
und gelblich im Splint
zweifarbig
Jahre deutlich
Poren keine
Spiegel undeutlich
weich
Harzgänge keine

Eigenart:
Redwood kommt auch heller und dunkler vor

10 *Eibe*
    rotbraun im Kern
    und gelblich im Splint
    zweifarbig
    Jahre deutlich
    Poren keine
    Spiegel undeutlich
    hart
    Harzgänge keine

Eigenarten:
Eibe Jahre meist sehr schmal, nach dem ersten Trocknen etwas violett

---

11 *Rosenholz*
    rosenrot im Kern
    und gelblich im Splint
    zweifarbig
    Jahre undeutlich
    Poren vorhanden
    Spiegel undeutlich
    hart
    Harzgänge keine

Eigenarten:
Rosenholz angenehm duftend, an Licht und Luft geht die intensive Farbe oft in Violettrot und später in Braunrot über

---

12 *Mahagoni, Makoré*
    mahagonirot im Kern
    und heller im Splint
    zweifarbig
    Jahre undeutlich
    Poren vorhanden
    Spiegel deutlich
    hart
    Harzgänge keine

Eigenart:
Mahagoni Längsschnitt mit deutlicher Nadelrissigkeit, widerspänig
Makoré Längsschnitt mit sehr feiner Nadelrissigkeit, gleichmäßiger und satter Farbton, schwerer als Mahagoni

---

13 *Gabun*
    hellmahagonirot im Kern
    und heller im Splint
    zweifarbig
    Jahre undeutlich
    Poren vorhanden
    Spiegel deutlich
    weich
    Harzgänge keine

Eigenarten:
Gabun nadelrissig wie Mahagoni, jedoch heller, weicher und leichter

e) Holz ist **bräunlich**

1 *Teak* braun im Kern und gelblich im Splint zweifarbig Jahre deutlich Poren vorhanden Spiegel undeutlich hart Harzgänge keine	Eigenarten: *Teak* fühlt sich ölig an, sieht zuweilen auch nuß- baumartig aus, Ledergeruch
2 *Rio-Palisander, Pockholz* braun im Kern und gelblich im Splint zweifarbig Jahre undeutlich Poren vorhanden Spiegel undeutlich hart Harzgänge keine	Eigenarten: *Rio-Palisander* Kern braun oder rotbraun, mit dunkelbrauner bis schwarzer Zeichnung, Geruch angenehm süßlich, leichter als Pockholz *Pockholz* Kern anfangs braun, erst an Licht, Luft und durch Feuchtigkeit grünlich (siehe auch Holz ist grünlich!), Maracaibo-Pockholz bleibt braun. Geruch kautschukartig (bes. charakteristisch für Pockholz), Harzfluß bei Erwärmung, schwerer als Rio-Palisander
3 *Ulme (Rüster)* braun bis rötlichbraun im Kern und heller im Splint zweifarbig Jahre deutlich Poren vorhanden Spiegel deutlich hart Harzgänge keine	Eigenarten: *Ulme (Rüster)* am Querschnitt deutliche Wellen- linien, am Fladerschnitt erscheinen sie als Zick- zacklinien zwischen den Jahren, unangenehmer Geruch im frischen Zustand
4 *Pflaumenbaum* rotbraun und violett im Kern, gelblich im Splint zweifarbig Jahre undeutlich Poren vorhanden Spiegel deutlich hart Harzgänge keine	Eigenarten: *Pflaumenbaum* Kern bei überalterten Bäumen braun, durch die Farben erscheint die Zeichnung am Längsschnitt meist deutlich
5 *Kirschbaum* goldbraun im Kern und heller im Splint zweifarbig Jahre undeutlich Poren vorhanden Spiegel undeutlich hart Harzgänge keine	Eigenarten: *Kirschbaum* Zeichnung am Längsschnitt durch die Farben meist deutlich, oft dazu etwas grünlich

6 *Nußbaum*
    graubraun im Kern
    und hellgraubraun im Splint
    zweifarbig
    Jahre undeutlich
    Poren vorhanden
    Spiegel undeutlich
    hart
    Harzgänge keine

Eigenarten:

Nußbaum Splint ist breit, Poren am Längsschnitt als deutliche dunkle Striche sichtbar, durch dunkle Farben erscheint am Längsschnitt eine deutliche Zeichnung

7 *Limba*
    grünlichbraun im Kern
    und schwachgrünlich
    bis gelblich im Splint
    zweifarbig
    Jahre undeutlich
    Poren vorhanden
    Spiegel undeutlich
    hart
    Harzgänge keine

Eigenarten:

Limba stark nadelrissig, exotisches Aussehen

8 *Ostindischer Palisander*
    violettbraun im Kern
    und gelblich im Splint
    zweifarbig
    Jahre undeutlich
    Poren vorhanden
    Spiegel vorhanden
    hart
    Harzgänge keine

Eigenarten:

Ostindischer Palisander stets dunkel gestreift, Geruch angenehm süßlich

f) Holz ist **schwärzlich**

1 *Ebenholz*
    schwärzlich im Kern
    und weißlich im Splint
    zweifarbig
    Jahre undeutlich
    Poren vorhanden
    Spiegel undeutlich
    hart
    Harzgänge keine

Eigenart:

Ebenholz besonders schwer und hart, sehr oft nicht ganz gleichmäßig schwarz

Nr. 2 Einfarbig oder zweifarbig

a) Holz ist **einfarbig**

---

1 *Aspe, Roßkastanie*
weißlich
Jahre undeutlich
Poren vorhanden
Spiegel undeutlich
weich
Harzgänge keine

Eigenarten:
Aspe leichter als Roßkastanie, locker und filzig, rauhe Flächen
Roßkastanie schwerer als Aspe, dicht und speckig, glatte Flächen

---

2 *Ahorn, Rotbuche*
weißlich
Jahre undeutlich
Poren vorhanden
Spiegel deutlich
hart
Harzgänge keine

Eigenarten:
Ahorn am Fladerschnitt keine dunklen Striche
Rotbuche am Fladerschnitt kurze deutliche Striche sichtbar, auch etwas ins Gelbliche und Graurötliche, sehr oft rötlich (falscher Kern und gedämpft)

---

3 *Fichte*
weißlich
Jahre deutlich
Poren keine
Spiegel undeutlich
weich
Harzgänge vorhanden

Eigenarten:
Fichte Frühholz ist hell (weißlich) und weich, Spätholz ist dunkel
(braun) und hart

---

4 *Weißbuche*
weißlich
Jahre undeutlich
Poren vorhanden
Spiegel undeutlich
hart
Harzgänge keine

Eigenart:
Weißbuche
Jahresringe sind wellig

---

5 *Esche*
weißlich
Jahre deutlich
Poren vorhanden
Spiegel undeutlich
hart
Harzgänge keine

Zu beachten!
Esche wird hauptsächlich in der weißlichen Splintfarbe gehandelt und verarbeitet, braune Kernfarbe unbeliebt

4 *

6 Birke, Limba, Buchsbaum
gelblich
Jahre undeutlich
Poren vorhanden
Spiegel undeutlich
hart
Harzgänge keine

Eigenarten:
Birke glänzend, manchmal rötlicher falscher Kern, feine Nadelrissigkeit
Limba starke Nadelrisse, exotisches Aussehen, außer gelblich bis schwach grünlich auch nußbaumfarben
Buchsbaum ohne Glanz, besonders gelb, sehr fein und ohne Nadelrisse, auffallend dicht und glatt

---

7 Linde, Abachi
gelblich
Jahre undeutlich
Poren vorhanden
Spiegel undeutlich
weich
Harzgänge keine

Eigenarten:
Linde Lindengeruch, öfters auch etwas streifig
Abachi viel gelblicher als Linde, Nadelrisse, wesentlich leichter als Linde

---

8 Tanne
gelblich und schwach bläulich
Jahre deutlich
Poren keine
Spiegel undeutlich
weich
Harzgänge keine

Eigenarten:
Tanne Frühholz hell (gelblich und schwach bläulich) und weich, Spätholz dunkel (braun) und hart, frisch säuerlicher Geruch

---

9 Erle
rötlich am gesamten Querschnitt
Jahre undeutlich
Poren vorhanden
Spiegel undeutlich
weich
Harzgänge keine

Eigenarten:
Erle frisch getrocknet gelbrötlich, häufig kleine braune Flecken (Markflecken), Erlenholzgeruch

---

10 Birnbaum
schwachrötlichgrau
am gesamten Querschnitt
Jahre undeutlich
Poren vorhanden
Spiegel undeutlich
hart
Harzgänge keine

Eigenarten:
Birnbaum ohne Glanz, oft mit rotbraunem falschem Kern, gedämpft schön rotbraun, jung ist das Holz gelblich, Birnbaumholz ist meist einfarbiger und ruhiger in der Zeichnung als Apfelbaumholz

b) Holz ist **zweifarbig**

---

1 *Zebrano*

gelblich und braunschwarze
Streifen
Jahre undeutlich
Poren vorhanden
Spiegel undeutlich
hart
Harzgänge keine

Eigenart:

Zebrano meist unangenehmer Geruch, deutliche
Fladern entstehen durch die braunschwarze Farbe

---

2 *Eiche*

gelblichbraun im Kern
und gelblich im Splint
Jahre deutlich
Poren vorhanden
Spiegel deutlich
hart
Harzgänge keine

Eigenart:

Eiche Gerbsäuregeruch, großporig = nadelrissig

---

3 *Falsche Akazie*

grünlich im Kern
und gelblich im Splint
Jahre deutlich
Poren vorhanden
Spiegel deutlich
hart
Harzgänge keine

Eigenart:

Falsche Akazie Splint schmal, sehr ausdrucksvoll
im Querschnitt, Poren ausgefüllt (Thyllen)

---

4 *Whitewood*

grünlich im Kern
und gelblich im Splint
Jahre deutlich
Poren vorhanden
Spiegel deutlich
weich
Harzgänge keine

Eigenarten:

Whitewood Splint breit und oft etwas violett und
bräunlich, der grünliche Kern wird am Licht gelbbraun

---

5 *Pockholz*

grünlich im Kern
und gelblich im Splint
Jahre undeutlich
Poren vorhanden
Spiegel undeutlich
hart
Harzgänge keine

Eigenarten:

Pockholz Kern anfangs braun (siehe auch bei
bräunlich!) und wird an Luft, Licht und durch
Feuchtigkeit erst grünlich, Geruch kautschukähn-
lich und für Pockholz charakteristisch, besondere
Härte und hohes Gewicht, bei Erwärmung des
Kernholzes erfolgt Harzfluß

---

6 *Apfelbaum*
rötlich im Kern
und heller im Splint
Jahre undeutlich
Poren vorhanden
Spiegel undeutlich
hart
Harzgänge keine

Eigenarten:
Apfelbaum gedämpft dunkelrotbraun, Apfelbaumholz ist meist lebhafter gezeichnet und härter als Birnbaumholz, Spiegel nicht immer undeutlich

7 Weide
rötlich im Kern
und gelblich im Splint
Jahre undeutlich
Poren vorhanden
Spiegel undeutlich
weich
Harzgänge keine

Eigenart:
Weide Kern oft etwas rosafarben

8 *Hickory*
rötlich bis bräunlich im Kern
und gelblich im Splint
Jahre deutlich
Poren vorhanden
Spiegel undeutlich
hart
Harzgänge keine

Eigenarten:
Hickory Splint breit und besonders oft verwendet, nadelrissig, schwer

9 *Bleistiftzeder*
rötlichviolett im Kern
und gelblich im Splint
Jahre undeutlich
Poren keine
Spiegel undeutlich
weich
Harzgänge keine

Eigenarten:
Bleistiftzeder starker Zederngeruch, an Licht und Luft wird das Kernholz braun

10 *Kiefer, Lärche, Oregonpine*
rotbraun im Kern
und gelblich im Splint
Jahre deutlich
Poren keine
Spiegel undeutlich
weich
Harzgänge vorhanden

Eigenarten:
Kiefer Splint breit, Kernfarbe erscheint nach einiger Zeit, Spätholz ist dunkel (braun) und hart, meist leichter als Lärchenholz.
Lärche Splint schmal, Kernfarbe erscheint gleich, Spätholz ist dunkel (braun), hart und besonders ausdrucksvoll.
Oregonpine Splint schmal und sich wenig vom Kern abhebend, Kern mit Rosaschimmer an Licht und Luft rasch erscheinend, feine gleichmäßige Jahre (im Querschnitt öfters wellig), Harzgänge besonders deutlich, Holz fühlt sich trocken an. Terpentinölgeruch!

11 *Pitchpine*
rotbraun im Kern
und gelblich im Splint
Jahre deutlich
Poren keine
Spiegel undeutlich
hart
Harzgänge vorhanden

Eigenarten:
Pitchpine durch besonders dickes harziges Spätholz härter und schwerer als Gemeine Kiefer, Lärche und Oregonpine, Späne von Pitchpine sind gelblich, von Oregonpine rötlich

12 *Redwood*
rosafarben im Kern
und gelblich im Splint
Jahre deutlich
Spiegel undeutlich
weich
Harzgänge keine

Eigenart:
Redwood kommt auch heller und dunkler vor

13 *Eibe*
rotbraun im Kern
und gelblich im Splint
Jahre deutlich
Poren keine
Spiegel undeutlich
hart
Harzgänge keine

Eigenarten:
Eibe Jahre meist sehr schmal, nach dem ersten Trocknen etwas violett

14 *Rosenholz*
rosenrot und gelb im Kern
und gelblich im Splint
Jahre undeutlich
Poren vorhanden
Spiegel undeutlich
hart
Harzgänge keine

Eigenarten:
Rosenholz angenehm duftend, an Licht und Luft geht die intensive Farbe oft in Violett und später in Braunrot über

15 *Mahagoni, Makoré*
mahagonirot im Kern
und heller im Splint
Jahre undeutlich
Poren vorhanden
Spiegel deutlich
hart
Harzgänge keine

Eigenart:
Mahagoni Längsschnitt mit deutlicher Nadelrissigkeit
Makoré Längsschnitt mit sehr feiner Nadelrissigkeit, gleichmäßiger und satter Farbton, schwerer als Mahagoni

16 *Gabun*

hellmahagonirot im Kern
und heller im Splint
Jahre undeutlich
Poren vorhanden
Spiegel deutlich
weich
Harzgänge keine

Eigenarten:

Gabun nadelrissig wie Mahagoni, jedoch heller, weicher und leichter

---

17 *Teak*

braun im Kern
und gelblich im Splint
Jahre deutlich
Poren vorhanden
Spiegel undeutlich
hart
Harzgänge keine

Eigenarten:

Teak fühlt sich ölig an, sieht zuweilen auch nuß-baumartig aus, Ledergeruch

---

18 *Rio-Palisander, Pockholz*

braun im Kern
und gelblich im Splint
Jahre undeutlich
Poren vorhanden
Spiegel undeutlich
hart
Harzgänge keine

Eigenarten:

Rio-Palisander Kern braun oder rotbraun mit dunkelbrauner bis schwarzer Zeichnung, Geruch angenehm süßlich, leichter als Pockholz
Pockholz Kern anfangs braun, erst an Licht, Luft und durch Feuchtigkeit grünlich (siehe auch unter *grünlich*), Maracaibo-Pockholz bleibt braun. Geruch kautschukartig (besonders charakteristisch für Pockholz), Harzfluß bei Erwärmung, schwerer als Rio-Palisander

---

19 *Ulme (Rüster)*

braun bis rötlichbraun im Kern
und heller im Splint
Jahre deutlich
Poren vorhanden
Spiegel deutlich
hart
Harzgänge keine

Eigenarten:

Ulme (Rüster) am Querschnitt deutliche Wellenlinien, am Fladerschnitt erscheinen sie als Zickzacklinien zwischen den Jahren. Unangenehmer Geruch besonders im frischen Zustand

---

20 *Pflaumenbaum*

rotbraun und violett im Kern,
gelblich im Splint
Jahre undeutlich
Poren vorhanden
Spiegel deutlich
hart
Harzgänge keine

Eigenarten:

Pflaumenbaum Kern bei überalterten Bäumen braun, durch die Farben erscheint die Zeichnung am Längsschnitt meist deutlich

21 *Kirschbaum*

goldbraun im Kern
und heller im Splint
Jahre undeutlich
Poren vorhanden
Spiegel deutlich
hart
Harzgänge keine

Eigenarten:

Kirschbaum Zeichnung am Längsschnitt durch die
Farben meist deutlich, oft dazu etwas grünlich

---

22 *Nußbaum*

graubraun im Kern
und hellgraubraun im Splint
Jahre undeutlich
Poren vorhanden
Spiegel deutlich
Harzgänge keine

Eigenarten:

Nußbaum Splint ist breit, Poren am Längsschnitt
als deutliche dunkle Striche sichtbar, durch dunkle
Farben erscheint am Längsschnitt eine deutliche
Zeichnung

---

23 *Limba*

grünlichbraun im Kern
und gelblich bis gelbgrünlich
im Splint
Jahre undeutlich
Poren vorhanden
Spiegel undeutlich
Harzgänge keine

Eigenarten:

Limba stark nadelrissig, exotisches Aussehen

---

24 *Ostindischer Palisander*

violettbraun im Kern
und gelblich im Splint
Jahre undeutlich
Poren vorhanden
Spiegel undeutlich
hart
Harzgänge keine

Eigenarten:

Ostindischer Palisander stets dunkel gestreift,
Geruch angenehm süßlich

---

25 *Ebenholz*

schwärzlich im Kern
und weißlich im Splint
Jahre undeutlich
Poren vorhanden
Spiegel undeutlich
hart
Harzgänge keine

Eigenarten:

Ebenholz besonders schwer und hart, sehr oft
nicht ganz gleichmäßig schwarz

Nr. 3 Jahre sind deutlich oder undeutlich

a) Jahre sind **deutlich**

1 *Fichte* weißlich einfarbig Poren keine Spiegel undeutlich weich Harzgänge vorhanden	Eigenarten: *Fichte* Frühholz ist hell (weißlich) und weich, Spätholz ist dunkel (braun) und hart
2 *Esche* weißlich einfarbig Poren vorhanden Spiegel undeutlich hart Harzgänge keine	Eigenarten: *Esche* wird hauptsächlich in der Splintfarbe (weißlich) gehandelt und verarbeitet (einfarbig!), braune Kernfarbe unbeliebt
3 *Eiche* gelbbraun im Kern und gelblich im Splint zweifarbig Poren vorhanden Spiegel deutlich hart Harzgänge keine	Eigenart: *Eiche* Gerbsäuregeruch, großporig = nadelrissig
4 *Tanne* gelblich und schwach bläulich einfarbig Poren keine Spiegel undeutlich weich Harzgänge keine	Eigenarten: *Tanne* Frühholz ist hell (gelblich und schwach bläulich) und weich, Spätholz ist dunkel (braun) und hart, frisch säuerlicher Geruch
5 *Falsche Akazie* grünlich im Kern und gelblich im Splint zweifarbig Poren vorhanden Spiegel vorhanden hart Harzgänge keine	Eigenart: *Falsche Akazie* Splint schmal, sehr ausdrucksvoll im Querschnitt, Poren ausgefüllt (Thyllen)

6 *Hickory*
rötlich bis bräunlich im Kern
und gelblich im Splint
zweifarbig
Poren vorhanden
Spiegel undeutlich
hart
Harzgänge keine

Eigenarten:
Hickory Splint breit und besonders oft verwendet,
nadelrissig, schwer

---

7 *Kiefer, Lärche, Oregonpine*
rotbraun im Kern
und gelblich im Splint
zweifarbig
Poren keine
Spiegel undeutlich
weich
Harzgänge vorhanden

Eigenarten:
Kiefer Splint breit, Kernfarbe erscheint nach einiger Zeit, Spätholz ist dunkel (braun) und hart,
meist leichter als Lärchenholz
Lärche Splint schmal, Kernfarbe erscheint gleich,
Spätholz ist dunkel (braun), hart und besonders
ausdrucksvoll
Oregonpine Splint schmal und sich wenig vom
Kern abhebend, Kern mit Rosaschimmer an Licht
und Luft rasch erscheinend, feine gleichmäßige
Jahre (im Querschnitt öfters wellig), Harzgänge
besonders deutlich, Holz fühlt sich sehr oft trok-
ken an. Terpentinölgeruch

---

8 *Pitchpine*
rotbraun im Kern
und gelblich im Splint
zweifarbig
Poren keine
Spiegel undeutlich
hart
Harzgänge vorhanden

Eigenarten:
Pitchpine durch besonders dickes, harziges Spät-
holz härter und schwerer als Gemeine Kiefer und
Oregonpine, Späne von Pitchpine gelblich, von
Oregonpine rötlich

---

9 *Redwood*
rosafarben im Kern
und gelblich im Splint
zweifarbig
Poren keine
Spiegel undeutlich
weich
Harzgänge keine

Eigenart:
Redwood kommt auch heller und dunkler vor

---

10 *Eibe*
rotbraun im Kern
und gelblich im Splint
zweifarbig
Poren keine
Spiegel undeutlich
hart
Harzgänge keine

Eigenarten:
Eibe Jahre meist sehr schmal, nach dem ersten
Trocknen etwas violett

11 *Teak*
braun im Kern
und gelblich im Splint
zweifarbig
Poren vorhanden
Spiegel undeutlich
hart
Harzgänge keine

Eigenarten:
Teak fühlt sich ölig an, sieht zuweilen auch nuß-
baumartig aus, Ledergeruch

---

12 *Ulme (Rüster)*
braun bis rötlichbraun im Kern
und heller im Splint
zweifarbig
Poren vorhanden
Spiegel deutlich
hart
Harzgänge keine

Eigenarten:
Ulme (Rüster) am Querschnitt deutliche Wellenlinien, am Fladerschnitt erscheinen sie als Zickzacklinien zwischen den Jahren, unangenehmer
Geruch besonders im frischen Zustand

---

b) Jahre sind **undeutlich**

---

1 *Aspe, Roßkastanie*
weißlich
einfarbig
Poren vorhanden
Spiegel undeutlich
weich
Harzgänge keine

Eigenarten:
Aspe weicher und leichter als Roßkastanie, locker
und filzig, rauhere Fläche
Roßkastanie härter und schwerer als Aspe, dicht
und speckig, glatte Flächen

---

2 *Ahorn, Rotbuche*
weißlich
einfarbig
Poren vorhanden
Spiegel deutlich
hart
Harzgänge keine

Eigenarten:
Ahorn am Fladerschnitt keine dunklen Striche
sichtbar
Rotbuche am Fladerschnitt kurze deutliche Striche
sichtbar, auch etwas ins Gelbliche und Graurötliche, sehr oft rötlich (falscher Kern und gedämpft)

---

3 *Weißbuche*
weißlich
einfarbig
Poren vorhanden
Spiegel undeutlich
hart
Harzgänge keine

Eigenarten:
Weißbuche Jahresringe sind wellig, Farbe öfters
ins Graue gehend

4 *Birke, Limba, Buchsbaum*
gelblich
einfarbig
Poren vorhanden
Spiegel undeutlich
hart
Harzgänge keine

Eigenarten:
Birke glänzend, manchmal rötlicher falscher Kern, feine Nadelrissigkeit
Limba starke Nadelrisse, exotisches Aussehen, außer gelblich bis schwach grünlich auch nußbaumfarben
Buchsbaum, ohne Glanz, besonders gelb, sehr fein und ohne Nadelrisse, auffallend dicht und glatt

---

5 *Linde, Abachi*
gelblich
einfarbig
Poren vorhanden
Spiegel undeutlich
weich
Harzgänge keine

Eigenarten:
Linde Lindengeruch, öfters auch etwas streifig
Abachi viel gelblicher als Linde, Nadelrisse, wesentlich leichter als Linde

---

6 *Zebrano*
gelblich und braunschwarze Streifen
zweifarbig
Jahre undeutlich
Poren vorhanden
Spiegel undeutlich
hart
Harzgänge keine

Eigenart:
Zebrano meist unangenehmer Geruch, deutliche Fladern entstehen durch die braunschwarze Farbe

---

7 *Whitewood*
grünlich im Kern
und gelblich im Splint
zweifarbig
Poren vorhanden
Spiegel undeutlich
weich
Harzgänge keine

Eigenarten:
Whitewood Splint breit und oft etwas violett und bräunlich, der grünliche Kern wird am Licht gelbbraun

---

8 *Pockholz*
grünlich im Kern
und gelblich im Splint
zweifarbig
Poren vorhanden
Spiegel undeutlich
hart
Harzgänge keine

Eigenarten:
Pockholz Kern anfangs braun (siehe auch unter *bräunlich!)* wird an Licht, Luft und durch Feuchtigkeit erst grünlich; Maracaibo-Pockholz bleibt braun. Geruch kautschukähnlich und für Pockholz charakteristisch, besondere Härte und hohes Gewicht, bei Erwärmung des Kernholzes erfolgt Harzfluß

9 *Limba*
schwach grünlich bis gelblich
und öfters nußbaumfarben
zweifarbig
Poren vorhanden
Spiegel undeutlich
hart
Harzgänge keine

Eigenarten:
Limba stark nadelrissig, exotisches Aussehen

---

10 *Apfelbaum*
rötlich im Kern
und heller im Splint
zweifarbig
Poren vorhanden
Spiegel undeutlich
hart
Harzgänge keine

Eigenarten:
Apfelbaum gedämpft dunkelrotbraun, Apfelbaum-
holz ist meist lebhafter gezeichnet und härter als
Birnbaumholz, Spiegel nicht immer undeutlich

---

11 *Erle*
rötlich am gesamten Querschnitt
einfarbig
Poren vorhanden
Spiegel undeutlich
weich
Harzgänge keine

Eigenarten:
Erle frisch getrocknet gelbrötlich, häufig kleine
braune Flecken (Markflecken), Erlenholzgeruch

---

12 *Birnbaum*
schwachrötlichgrau
am gesamten Querschnitt
einfarbig
Poren vorhanden
Spiegel undeutlich
hart
Harzgänge keine

Eigenarten:
Birnbaum ohne Glanz, oft mit rotbraunem falschem Kern, gedämpft schön rotbraun, jung ist
das Holz gelblich, Birnbaumholz ist meist einfarbig und ruhiger in der Zeichnung als Apfelbaumholz

---

13 *Weide*
rötlich im Kern
und weißlich im Splint
zweifarbig
Poren vorhanden
Spiegel undeutlich
weich
Harzgänge keine

Eigenart:
Weide Kern ist oft etwas rosafarben

14 *Bleistiftzeder*
rötlichviolett im Kern
und gelblich im Splint
zweifarbig
Poren keine
Spiegel undeutlich
weich
Harzgänge keine

Eigenarten:
Bleistiftzeder starker Zederngeruch, Kern wird
sehr bald an Licht und Luft rötlichbraun

---

15 *Rosenholz*
rosenrot und gelb im Kern
und gelblich im Splint
zweifarbig
Poren vorhanden
Spiegel undeutlich
hart
Harzgänge keine

Eigenarten:
Rosenholz angenehm duftend, an Licht und Luft
geht die intensive Farbe oft in Violettrot und später in Braunrot über, Widerspänigkeit

---

16 *Mahagoni, Makoré*
mahagonirot im Kern
und heller im Splint
zweifarbig
Poren vorhanden
Spiegel deutlich
hart
Harzgänge keine

Eigenart:
Mahagoni Längsschnitt mit deutlicher Nadelris-
sigkeit, Widerspänigkeit
Makoré Längsschnitt mit sehr feiner Nadelrissig-
keit, gleichmäßig und satter Farbton, schwerer als
Mahagoni

---

17 *Gabun*
hellmahagoni im Kern
und heller im Splint
zweifarbig
Poren vorhanden
Spiegel deutlich
weich
Harzgänge keine

Eigenarten:
Gabun nadelrissig wie Mahagoni, jedoch heller,
weicher und leichter, Widerspänigkeit

---

18 *Rio-Palisander, Pockholz*
braun im Kern
und gelblich im Splint
zweifarbig
Poren vorhanden
Spiegel undeutlich
hart
Harzgänge keine

Eigenarten:
Rio-Palisander Kern braun oder rotbraun, mit
dunkelbrauner bis schwarzer Zeichnung, Geruch
angenehm süßlich, bedeutend leichter als Pockholz
Pockholz Kern anfangs braun, erst an Licht, Luft
und durch Feuchtigkeit grünlich (siehe auch unter
grünlich!), Geruch kautschukartig (bes. charakteristisch für Pockholz), Harzfluß bei Erwärmung,
schwerer als Rio-Palisander. Beide sind widerspänig

19 *Pflaumenbaum*
   rotbraun und violett im Kern,
   gelblich im Splint
   zweifarbig
   Spiegel deutlich
   hart
   Harzgänge keine

Eigenarten:

Pflaumenbaum Kern bei überalterten Bäumen
braun, durch die Farben erscheint die Zeichnung
am Längsschnitt meist deutlich

---

20 *Kirschbaum*
   goldbraun im Kern
   und heller im Splint
   zweifarbig
   Poren vorhanden
   Spiegel deutlich
   hart
   Harzgänge keine

Eigenarten:

Kirschbaum Zeichnung am Längsschnitt durch die
Farben meist deutlich, oft dazu etwas grünlich

---

21 *Nußbaum*
   graubraun im Kern
   und hellgraubraun im Splint
   zweifarbig
   Poren vorhanden
   Spiegel undeutlich
   hart
   Harzgänge keine

Eigenarten:

Nußbaum Splint ist breit, Poren am Längsschnitt
als deutliche dunkle Striche sichtbar, durch dunkle
Farben erscheint am Längsschnitt eine deutliche
Zeichnung

---

22 *Limba*
   grünlichbraun im Kern
   und gelblich bis gelbgrünlich
   im Splint
   zweifarbig
   Poren vorhanden
   Spiegel undeutlich
   hart
   Harzgänge keine

Eigenarten:

Limba stark nadelrissig, exotisches Aussehen

---

23 *Ostindischer Palisander*
   violettbraun im Kern
   und gelblich im Splint
   zweifarbig
   Poren vorhanden
   Spiegel undeutlich
   hart
   Harzgänge keine

Eigenarten:

Ostindischer Palisander stets dunkel gestreift,
Geruch angenehm süßlich

24 *Ebenholz*

schwarzbraun u. violett im Kern,
gelblich im Splint
zweifarbig
Poren vorhanden
Spiegel undeutlich
hart
Harzgänge keine

Eigenarten:

Ebenholz besonders schwer und hart, sehr oft
nicht ganz gleichmäßig schwarz

Nr. 4 Zeichnung am Längsschnitt

---

a) deutlich

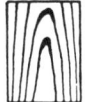

Akazie, Falsche 1c/1	Pitchpine 1d/8
Eiche 1b/4	Redwood 1d/9
Esche 1a/5	Tanne 1b/5
Fichte 1a/3	Teak 1e/1
Hickory 1d/5	Ulme (Rüster) 1e/3
Kiefer 1d/7	Zebrano 1b/3*)
Lärche 1d/7	
Oregonpine 1d/7	*) Braunschwarze Streifen täuschen eine deutliche Zeichnung vor.

---

b) in zarten Linien
   noch zu erkennen

Ahorn 1a/2	Kirschbaum 1e/5
Birke 1b/1	Nußbaum 1e/6
Bleistiftzeder 1d/6	Pflaumenbaum 1e/4
Eibe 1d/10	Rotbuche 1a/2

---

c) undeutlich

Abachi 1b/2	Mahagoni 1d/12
Apfelbaum 1d/1	Makoré 1d/12
Aspe 1a/1	Palisander, Ostindischer 1e/8
Birnbaum 1d/3	Palisander, Rio- 1e/2
Buchsbaum 1b/1	Pockholz 1c/3
Ebenholz 1f/1	Rosenholz 1d/11
Erle 1d/2	Roßkastanie 1a/1
Gabun 1d/13	Weide 1d/4
Limba 1b/1, 1c/4, 1e/7	Weißbuche 1a/4
Linde 1b/2	Whitewood 1c/2

Bitte beachten: Falsche Akazie 1c/1 bedeutet: siehe Nr. 1
Farbe, c) Holz ist grünlich und dabei Gruppe 1

5

Nr. 5 Spiegel im Längsschnitt

a) deutlich

Abachi 1b2
Ahorn 1a/2
Akazie, Falsche 1c/1
Eiche 1b/4
Gabun 1d/13
Kirschbaum 1e/5

Mahagoni 1d/12
Makoré 1d/12
Pflaumenbaum 1e/4
Rotbuche 1a/2
Ulme (Rüster) 1e/3

b) undeutlich

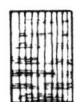

Apfelbaum 1d/1
Aspe 1a/1
Birke 1b/1
Birnbaum 1d/3
Bleistiftzeder 1d/6
Buchsbaum 1b/1
Ebenholz 1f/1
Eibe 1d/10
Erle 1d/2
Esche 1a/5
Fichte 1a/3
Hickory 1d/5
Kiefer 1d/7
Lärche 1d/7
Limba 1b/1, 1c/4, 1e/7
Linde 1b/2

Nußbaum 1e/6
Oregonpine 1d/7
Palisander, Ostindischer 1e/8
Palisander, Rio- 1e/2
Pitchpine 1d/8
Pockholz 1c/3
Redwood 1d/9
Rosenholz 1d/11
Roßkastanie 1a/1
Tanne 1b/5
Teak 1e/1
Weide 1d/4
Weißbuche 1a/4
Whitewood 1c/2
Zebrano 1b/3

Bitte beachten: Ahorn 1a/2 bedeutet: siehe Nr. 1 Farbe,
a) Holz ist weißlich und dabei Gruppe 2

Nr. 6 Poren am Querschnitt

a) vorhanden

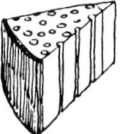

aa) ringporig

Akazie, Falsche 1c/1
Eiche 1b/4
Esche 1a/5
Hickory 1d/5
Teak 1e/1
Ulme (Rüster) 1e/3

bb) zerstreutporig	Linde 1b/2
	Mahagoni 1d/12
	Makoré 1d/12
Abachi 1b/2	Nußbaum 1e/6
Ahorn 1a/2	Palisander, Ostindischer 1e/8
Apfelbaum 1d/1	Palisander, Rio- 1e/2
Aspe 1a/1	Pflaumenbaum 1e/4
Birke 1b/1	Pockholz 1c/3
Birnbaum 1d/3	Rosenholz 1d/11
Buchsbaum 1b/1	Roßkastanie 1a/1
Ebenholz 1f/1	Rotbuche 1a/2
Erle 1d/2	Weide 1d/4
Gabun 1d/13	Weißbuche 1a/4
Kirschbaum 1e/5	Whitewood 1c/2
Limba 1b/1, 1c/4, 1e/7	Zebrano 1b/3

b) nicht vorhanden

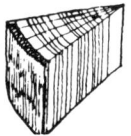

Bleistiftzeder 1d/6	Oregonpine 1d/7
Eibe 1d/10	Pitchpine 1d/8
Fichte 1a/3	Redwood 1d/9
Kiefer 1d/7	Tanne 1b/5
Lärche 1d/7	

Bitte beachten: Falsche Akazie 1c/1 bedeutet: siehe Nr. 1
Farbe, c) Holz ist grünlich und dabei Gruppe 1

Nr. 7 Härte

a) weich

Abachi 1b/2	Linde 1b/2
Aspe 1a/1	Oregonpine 1d/7
Bleistiftzeder 1d/6	Redwood 1d/9
Erle 1d/2	Roßkastanie 1a/1
Fichte 1a/3	Tanne 1b/5
Gabun 1d/13	Weide 1d/4
Kiefer 1d/7	Whitewood 1c/2
Lärche 1d/7	

5 *

b) hart

Ahorn 1a/2	Makoré 1d/12
Akazie, Falsche 1c/1	Nußbaum 1e/6
Apfelbaum 1d/1	Palisander, Ostindischer 1e/8
Birke 1b/1	Palisander, Rio- 1e/2
Birnbaum 1d/3	Pflaumenbaum 1e/4
Buchsbaum 1b/1	Pitchpine 1d/8
Ebenholz 1f/1	Pockholz 1c/3
Eibe 1d/10	Rosenholz 1d/11
Eiche 1b/4	Rotbuche 1a/2
Esche 1a/5	Teak 1e/1
Hickory 1d/5	Ulme (Rüster) 1e/3
Kirschbaum 1e/5	Weißbuche 1a/4
Limba 1b/1, 1c/4, 1e/7	Zebrano 1b/3
Mahagoni 1d/12	

Bitte beachten: Abachi 1b/2 bedeutet: siehe Nr. 1 Farbe,
b) Holz ist gelblich und dabei Gruppe 2

Nr. 8 Gewicht

---

a) sehr leicht bis 0,43

Abachi 1b/2	Redwood 1d/9
Fichte 1a/3	Tanne 1b/5

---

b) leicht, größer als
0,43 bis 0,72

Ahorn 1a/2	Linde 1b/2
Akazie, Falsche 1c/1	Mahagoni 1d/12
Aspe 1a/1	Nußbaum 1e/6
Birke 1b/1	Oregonpine 1d/7
Birnbaum 1d/3	Pitchpine 1d/8
Bleistiftzeder 1d/6	Roßkastanie 1a/1
Eiche, Winter- 1b/4	Rotbuche 1a/2
Erle 1d/2	Teak 1e/1
Gabun 1d/13	Ulme (Rüster) 1e/3
Kiefer 1d/7	Weide 1d/4
Kirschbaum 1e/5	Whitewood 1c/2
Lärche 1d/7	Zebrano 1b/3
Limba 1b/1, 1c/4, 1e/7	

c) schwer, größer als
0,72 bis 1,00

Apfelbaum 1d/1	Makoré 1d/12
Buchsbaum 1b/1	Palisander, Ostindischer 1e/8
Eibe 1d/10	Palisander, Rio- 1e/2
Eiche, Sommer- 1b/4	Pflaumenbaum 1e/4
Esche 1a/5	Rosenholz 1d/11
Hickory 1d/5	Weißbuche 1a/4

d) sehr schwer,
größer als 1,00

Ebenholz 1f/1	Pockholz 1c/3

Bitte beachten: Abachi 1b/2 bedeutet: siehe Nr. 1 Farbe,
b) Holz ist gelblich und dabei Gruppe 2

Nr. 9 Geruch

a) Harzgeruch	Fichte 1a/3
	Kiefer 1d/7
	Lärche 1d/7
b) Terpentinölgeruch	Oregonpine 1d/7
	Pitchpine 1d/8
c) aromatischer Zederngeruch	Bleistiftzeder 1d/6
d) säuerlicher Geruch	Tanne 1b/5
e) Gerbsäuregeruch	Eiche 1b/4
f) angenehm	Palisander 1e/2 und 1e/8
süßlicher Geruch	Rosenholz 1d/11
g) kautschukartiger Geruch	Pockholz 1c/3
h) eigener Geruch	Erle 1d/2
der Holzart	Linde 1b/2
i) unangenehmer Geruch	Zebrano 1b/3
	Rüster (Ulme) 1e/3,
	feuchter Nußbaum 1e/6
k) Ledergeruch	Teak 1e/1
l) Weingeruch	Olive
m) Essigsäure	Gabun
n) muffig	feuchte Birke

Bitte beachten: Fichte 1a/3 bedeutet: siehe Nr. 1 Farbe,
a) Holz ist weißlich und dabei Gruppe 3

Nr. 10 Hölzer mit Harzgängen

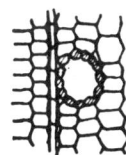

Fichte 1a/3
Kiefer 1d/7
Lärche 1d/7
Oregonpine 1d/7
Pitchpine 1d/8

Nr. 11 Hölzer, die durch Reibung merklich elektrisch werden

Birke, Erle, Falsche Akazie, Fichte, Lärche, Oregonpine, Pitchpine, Redwood, Tanne, Weide, Whitewood.

Nr. 12 Rinde

Zehn fremde Arten werden weggelassen, da sie zu uns stets ohne Rinde gelangen. Beispiel: Aspe hat glatte Rinde, doch wird sie später borkig > c (siehe Gruppe c)

a) glatte Rinde

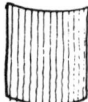

Aspe > c) 1a/1   Pockholz 1c/3
Birke > b) > c) 1b/1   Rotbuche 1a/2
Erle, Weiß — 1d/2   Tanne > c) 1b/5
Fichte > c) 1a/3   Weißbuche 1a/4

b) abblätternde Rinde

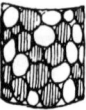

Ahorn, Berg- 1a/2   Eibe 1d/10
Apfelbaum 1d/1   Kirschbaum 1e/5
Bleistiftzeder 1d/6   Roßkastanie < a) 1a/1

c) borkige Rinde

Ahorn, Feld- 1a/2   Linde < a) 1b/2
Ahorn, Spitz- 1a/2   Makoré 1d/12
Akazie, Falsche 1c/1   Nußbaum 1e/6
Birnbaum 1d/3   Oregonpine 1d/7
Buchsbaum 1b/1   Pflaumenbaum 1e/4
Eiche < a) 1b/4   Pitchpine 1d/8
Erle, Rot- 1d/2   Redwood 1d/9
Esche < a) 1a/5   Ulme (Rüster) 1e/3
Hickory 1d/5   Weide 1d/4
Kiefer 1d/7   Whitewood 1c/2
Lärche 1d/7

< , > *bedeuten*

Birke hat glatte Rinde (siehe bei a), doch blättert sie auch ab:

> b), b) abblätternde Rinde und wird am Stammende borkig:

> c) borkige Rinde

Linde hat gewöhnlich borkige Rinde (bei c), doch ist sie in jüngerem Zustand glatt: < a), a) glatte Rinde

Bitte beachten: Aspe 1a/1 bedeutet: siehe Nr. 1 Farbe, a) Holz ist weißlich und dabei Gruppe 1

Nr. 13 Blatt

a) einfaches Blatt

Rotbuche

Abachi 1b/2
Ahorn 1a/2
Apfelbaum 1d/1
Aspe 1a/1
Birke 1b/1
Birnbaum 1d/3
Buchsbaum 1b/1
Eiche 1b/4
Erle 1d/2
Kirschbaum 1e/5

Limba 1b/1, 1c/4, 1e/7
Linde 1b/2
Makoré 1d/12
Pflaumenbaum 1e/4
Rotbuche 1a/2
Teak 1e/1
Ulme (Rüster) 1e/3
Weide 1d/4
Weißbuche 1a/4
Whitewood 1c/2

b) zusammengesetztes Blatt

Falsche Akazie

Akazie, Falsche 1c/1
Esche 1a/5
Hickory 1d/5
Mahagoni 1d/12

Nußbaum 1e/6
Pockholz 1c/3
Roßkastanie 1a/1

c) nadelförmiges Blatt

Eibe

Bleistiftzeder 1d/6
Eibe 1d/10
Fichte 1a/3
Kiefer 1d/7
Lärche 1d/7

Oregonpine 1d/7
Pitchpine 1d/8
Redwood 1d/9
Tanne 1b/5

Die genauere Blattform ist im Teil III, Beschreibung der Holzarten, festzustellen. Zur weiteren Holzbestimmung gilt dann
die nebenstehende Nummer, wie bei Ahorn 1a/2, d. h. Nr. 1
Farbe, a Holz ist weißlich, 2. Gruppe.

III. Beschreibung der Holzarten

Abachi

Obeche, Samba, Ayous, Nigerian Whitewood, Westafrikanisches Satinholz - Wawa

BAUM

großer Laubbaum mit etwa 40 m Höhe, langen Brettwurzeln, aus Kamerun, Togo, von der Elfenbeinküste, Französisch-Guinea, Gabun, von der Goldküste, Nigeria und Spanisch-Guinea
Stamm: lang, astfrei und bis etwa 2 m dick

Rinde: abblätternd

Blatt: einfach

Einfaches Blatt
von Abachi

HOLZ

Farbe: gelblich im Kern, weißlich im Splint (wenig sichtbar)
Zeichnung: nadelrissig durch große Poren
Festigkeit: weich, gleichmäßig, leicht und gut bearbeitbar, arbeitet gering
Fehler: nicht immer gesundfarbig, braun und blau

Verwendung: Absperrfurniere, Blindholz, Sperrholz, Möbel, Flugzeug-, Karosseriebau, Kisten und Koffer

Besonderheiten: wird von Insekten gern angegriffen, von Pilzen zersetzt (dann braun), oft blau

Ahorn

Gemeiner Ahorn, Weißer Ahorn, Bergahorn — Spitzahorn, Lenne, Leinbaum — Feldahorn, Maßholder — Zuckerahorn, Nordamerikanischer Ahorn, Vogelaugenahorn, Sycamore, Hardmaple, Birds-eyes-maple — Silberahorn — Eschenblättriger Ahorn

BAUM

Bergahorn und Spitzahorn, Laubbäume mit großer und rundlicher Krone bis etwa 20 m hoch. Einzelmischholz in Wäldern und häufig als Straßen- und Gartenbaum; Feldahorn seltener und vielfach kleiner und strauchartig. Aufrechte Blüten des Spitzahorns durch leuchtendes Gelbgrün auffallend, bei Berg- und Feldahorn hängend und unauffälliger. Früchte bei Bergahorn mit spitzwinkligen, bei Spitzahorn mit stumpfwinkligen und bei Feldahorn mit gestrecktwinkligen Flügeln
Stamm: Bergahorn und Spitzahorn Durchmesser 50 cm und mehr, lang, gerade; Feldahorn etwa 30 cm und krumm
Rinde: bei Bergahorn abblätternd (ähnlich Platane), bei Spitzahorn und Feldahorn borkig
Blatt: einfach

Besonderheiten: Zuckerahorn, Silberahorn und Eschenblättriger Ahorn kommen öfters in Gärten und Anlagen vor.

HOLZ

Farbe: weißlich im ganzen, Bergahorn besonders hell, Feldahorn etwas rötlich; alle Ahornhölzer werden gedämpft schwachrötlich, an Licht und Luft wird Ahornholz (besonders Bergahornholz) oft unschön gelblich, dunkle Kernteile sind abnorm.

Zeichnung: undeutlich durch Zerstreutporigkeit, durch Dämpfen deutlicher, Vogelaugenahorn zeigt viele kleine Ästchen (Vogelaugen).
Festigkeit: hart, gut bearbeitbar, arbeitet gering
Fehler: leicht grau und grünlichgelb, schwarze bis schwarzbraune sehr harte Stellen

Verwendung: appetitliche Tischplatten für Bauernstuben und Wirtschaften aus Bergahorn, gedrechselte Teller, Küchenbretter, Löffel, Quirle, Möbelknöpfe, Furniere, geflammte Geigen- und Celloteile, Wagenteile aus Spitzahornholz.

Besonderheiten: Ahornholz hat Ähnlichkeit mit Birkenholz und vor allem in gedämpftem Zustand, doch bei entsprechendem Lichteinfall erscheint dieses mit sehr feinen Nadelrissen. Ahornhölzer benötigen zum Trocknen viel Luft, da sie sonst grau werden; so ist z. B. ein sofortiges Entfernen der Späne nach dem Einschnitt nötig. Das Holz ist gut beizbar und polierbar.

Einfaches Blatt des Bergahorns

Einfaches Blatt des Feldahorns

Einfaches Blatt des Spitzahorns

Einfaches Blatt des Nordamer. Silberahorns

Einfaches Blatt des Zuckerahorns

Zusammengesetztes Blatt des Eschenblättrigen Ahorns

Falsche Akazie

Akazie, Robinie, Schotendorn, Red Locust, Borstige Robinie, Klebrige Robinie

BAUM

Laubbaum mit geteilter rundlicher Krone, bis etwa 20 m hoch, in Anlagen und Straßen häufig. Blüte weiß und (bei der borstigen und klebrigen Robinie) rosa, auffallende Blütentrauben, Schmetterlingsblütler. Früchte als Schoten, im Winter graubraun

Stamm: 60 cm und mehr Durchmesser, rund im Querschnitt, wächst hoch und oft schräg, schlangenartige Äste

Rinde: dunkel, borkig, tiefrissig, langrissig

Blatt: zusammengesetzt, unpaarig, wechselständig; Fiederblättchen eiförmig, elliptisch und ganzrandig, langgestielt, am Grunde meist mit zwei Dornen

Zusammengesetztes Blatt
der Falschen Akazie

Besonderheiten: Vor etwa 300 Jahren kam der schöne Baum aus Nordamerika nach Europa durch Robin. Der erste Baum in Deutschland stand in Potsdam. Überall hat sich seither die Robinie angesiedelt, die kurz Akazie bezeichnet wird. Echte Akazien gibt es in unseren Breiten nicht, sondern nur in den Tropen und Subtropen der Alten und Neuen Welt. Von Australien stammt z. B. das sehr schwere Veilchenholz, eine Echte Akazie, das wegen seines angenehmen Geruches diesen Namen trägt.

HOLZ

Farbe: breiter Kern, schmaler Splint, Kernfarbe grünlich, manchmal mehr oder weniger braungrün, seltene Farbe für ein Holz, dadurch leicht zu erkennen, Splintfarbe gelblich

Zeichnung: lebendig, deutlich durch Ringporigkeit, im Längsschnitt Ähnlichkeit mit Eschenholz, im lockeren Frühholz tiefe Längsfurchen durch große Poren, hingegen glattes Spätholz, das dadurch heller wirkt, am geputzten oder gutgeschliffenen Querschnitt besonders ausdrucksvoll

Festigkeit: hart, gut bearbeitbar, Kern dauerhaft im Boden und an der Übergangsstelle Erde — Luft, wo sonst die Hölzer bald faulen, gering arbeitend

Fehler: Farbe unregelmäßig hell und dunkel,

Verwendung: Pfähle, Wagenteile, Holznägel (im Schiffsbau wertvoll), gedrechselte Schalen, Tablette und Dosen.

Besonderheiten: Robinienholz ist in der Praxis wenig bekannt, obwohl es z. B. im Erdboden besonders dauerhaft ist und darin Eiche übertrifft.

Apfelbaum

Holzapfelbaum, Wilder Apfelbaum, Apple

BAUM

Laubbaum mit ovaler Krone (Apfelform), bis etwa 8 m hoch, selten wild, Garten- und Straßenbaum, Blüte weiß, außen rosa

Stamm: erreicht 40 cm Durchmesser und mehr, rund, kurz, gerade

Rinde: hell, grau, abblätternd

Blatt: einfach

Einfaches Blatt
des Apfelbaums

HOLZ

Farbe: rötlich, gedämpft dunkelrotbraun, bei überalterten Bäumen fahl (unbeliebt), gewässert (Farben fließen aquarellistisch ineinander), im Längsschnitt mit Birnbaum Ähnlichkeit, doch meist lebhafter, schmaler Splint, heller, Holz oft mit braunen Markflecken

Zeichnung: undeutlich, durch Zerstreutporigkeit, bei gedämpftem Holz deutlicher
Festigkeit: hart, gut und gleichmäßig bearbeitbar; arbeitet stark, gedämpft weniger; Splint nicht haltbar
Fehler: Farbe unregelmäßig hell und dunkel
Verwendung: Werkzeugmacherei, Hobelkästen (Sohle dabei aus Weißbuchenholz oder Pockholz), gedrechselte Schalen und Dosen, Furniere, Intarsien

Besonderheiten: Apfelbaumholz ist wegen seiner vielen Mängel (Farbe, Arbeiten, Stammform) nicht beliebt.

Aspe

Espe, Pappel, Zitterpappel, Aspen Poplar, — andere Pappeln: Silberpappel, Weißpappel — Schwarzpappel — Pyramidenpappel, Italienische Pappel — Kanadische Pappel

BAUM

Laubbäume, Pyramidenpappel pyramidenförmig, alle anderen eine rundliche Krone, Einzelmischhölzer, bis 25 m hoch, erstere an Straßen
Blüten haben Kätzchenform, zeitig
Stamm: Durchmesser 40 cm und mehr, rund, lang, gerade
Rinde: bei Aspe hellgraugrün und glatt mit rautenförmigen Korkwülsten, später borkig; Silberpappel an den oberen Ästen hellgrau
Blatt: einfach

| Einfaches Blatt der Aspe | Einfaches Blatt der Silberpappel | Einfaches Blatt der Schwarzpappel | Einf. Blatt d. Pyramiden-pappel | Einf. Blatt d. Kanadischen Pappel |

HOLZ

Farbe: bei Aspe im ganzen weißlich (Splintholzbaum); dunkelgefärbtes Inneres ist abnorm (Holz empfindlich und rasch verderbend); bei allen anderen Pappeln gelbrötlicher bis bläulichgrüner Kern und breiter, weißlicher Splint (Kernholzbäume)
Zeichnung: undeutlich bis kaum sichtbar durch Zerstreutporigkeit, Jahresringe breit
Fehler: Holz sehr bald mißfarbig, filzig
Festigkeit: weich, filzig (dadurch hoher Abnutzungswiderstand), sehr gleichmäßig, bearbeitet sich nicht gut, Aspe noch am besten von allen Pappelhölzern, arbeitet gering

Verwendung von Pappelholz: Absperrfurniere, Blindholz, Sperrholz, Spanplatten, Fertigtüren, Reißbretter, Böden und Füllholz von Güterwagen, künstliche Glieder, Hutformen, Spannblöcke für Kürschner, Holzschuhe, Schaufelstiele, Bremsklötze, Verpackung, Zündhölzer, Zellstoff, hochwertige Papiere und Pappen.

Besonderheiten: Die Pappelwirtschaft hat in den letzten Jahren große Bedeutung erlangt. Mit schnellwüchsigen Neuzüchtungen (z. B. Robustapappel, Holländische Pappel u. a.) kann die Holzerzeugung gesteigert werden. Zugholz häufig (hoher Zellulosegehalt!).

Birke

Gemeine Birke, Weißbirke, Hängebirke — Haarbirke, Moorbirke, Schwedische Birke — Kanadische Birke, Birch

BAUM

Laubbaum mit stark aufgelockerter rundlicher Krone, bis etwa 20 m, Moorbirke etwa 15 m hoch, Einzelmischholz in Wäldern, an Wegen und in Gärten; Blüten in Kätzchenform (bereits im Herbst)
Stamm: rund, lang, oft krumm, selten mehr als 40 cm dick, Astansätze durch bogenförmige Linien gekennzeichnet.
Zweige mit Harzdrüsen der Weißbirke
Rinde: glatt, jung glänzend rötlich, später weiß und stellenweise waagrecht hautartig sich lösend, ältere Stämme von unten aus borkig und rissig
Blatt: einfach

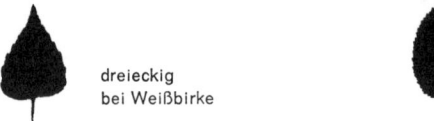 dreieckig
bei Weißbirke

 eiförmig
bei Moorbirke

HOLZ

Farbe: im ganzen hellgelblich (Splintbaum), bei schwed. Birkenmaser (Wurzel) mit braunen und schwarzen Flecken, bei kanadischer Birke goldbraun (wie Kirschbaum), rosaroter Kern ist abnorm, aber oft schön.
Zeichnung: kaum sichtbar durch Zerstreutporigkeit, wellige Faser der Birkenhölzer erzeugt die bekannte Flammung (geflammte Birke war um 1930 Mode); im Querschnitt keine Zeichnung sichtbar
Fehler: falscher Kern (rötlich), blau

Festigkeit: hart, gleichmäßig, bearbeitet sich meist gut, arbeitet mittelmäßig
Verwendung: Furniere, Sperrholz (Furnierplatten nach DIN 4078 von 4—5 mm), Möbel, Täfelungen der Decken, Sitzmöbel, gedrechselte Schalen, Tablette, Dosen, Fadenspulen, Holznägel für Schuhmacher und Bautischler, Leiterbäume, Wagendeichseln, Schlittenkufen, Blasinstrumente, Galanteriewaren, Kassetten, Zigarettendosen, Griffe

Besonderheiten: gut beizbar und polierbar; Birkenholz wird oft als weich bezeichnet. Diesem widerspricht z. B. die Verwendung der Birke als Außenfurnier der Möbel.

Birnbaum

Holzbirnbaum, Wilder Birnbaum, Pear

BAUM

Laubbaum mit aufrechter ovaler Krone, bis etwa 18 m hoch, Einzelmischholz, selten wild, an Straßen, weiße Blüten
Stamm: oft mehr als 40 cm stark, häufig drehwüchsig, spannrückig, lang
Rinde: dunkel, borkig, Drehwuchs am Rindenverlauf sichtbar
Blatt: einfach oval, Länge = Stiel, glattrandig

Einfaches Blatt des Birnbaumes

HOLZ

Farbe: im ganzen schwach rötlichgrau (Reifholzbaum), rotbrauner Kern ist abnorm (falscher Kern) und sehr häufig, gedämpft schön rötlich
Zeichnung: undeutlich durch Zerstreutporigkeit, nur durch Dämpfung des Holzes deutlicher
Fehler: falscher Kern häufig, oft drehwüchsig
Festigkeit: hart, gleichmäßig, fein, falscher Kern unter Wasser dauerhaft (in Japan angewandt) und besonders hart; arbeitet mittelmäßig, gut bearbeitbar

Verwendung: Furniere, schwarz durchgebeizte Furniere für Klaviere und Flügel, Zeichenwinkel, Reißschienen, prismatische Maßstäbe, feine Schnitzereien, in der Xylographie (= Holzschneidekunst) gedrechselte Schalen, Blasinstrumente, Tablette und Dosen, Knöpfe für Kleider, Möbel, Sitzmöbel, Radiogehäuse

Besonderheiten: heute hauptsächlich gedämpft. Im Holzhandel hat Schweizer Birnbaum einen guten Klang; fein belebt. Das Holz ist gut beizbar und polierbar. Afrikanischer Birnbaum ist mahagoniähnlich und hat mit unserem Birnbaum nichts zu tun, höchstens eine entfernte Ähnlichkeit mit gedämpftem Birnbaum.

Bleistiftzeder

Rotes Zedernholz, Virginischer Wacholder, Roter Wacholder, Pencil Cedar, Red Juniper — Floridazeder

BAUM

Nadelbaum, bei uns pyramidal wie der gemeine Wacholder, in der Heimat (Nordamerrika) bis 8 m hoch, vereinzelt in Gärten, ehemals in Nürnberg-Stein als Wald (A. W. Faber); keine Zeder, sondern ein virginischer Wacholder *(Juniperus)*
Stamm: eingeführt, mit etwa 40 cm Durchmesser und mehr, spannrückig, kurz, gerade, bei uns öfters drehwüchsig
Rinde: hell, abblätternd
Blatt: nadelförmig, stechend
Farbe: rötlich und violett im Kern, gelblich im Splint (Kernholzbaum), lebhafte Kernfarbe wird an Licht und Luft gleichmäßig rötlichbraun
Fehler: Farbe nicht lichtbeständig, bei uns häufig drehwüchsig,
Zeichnung: wenig deutlich durch helles Frühholz und sehr schmales etwas dunkleres Spätholz

Zweig der Bleistiftzeder

Festigkeit: weich, sehr gleichmäßig und fein, besonders gut schneidbar, sehr gut bearbeitbar, arbeitet gering

Verwendung: die besten Bleistiftfassungen, Bauholz in der Heimat, Kisten für Pelze (mottensicher), gedrechselte Schalen und Dosen

Besonderheiten: unersetzlich als Bleistiftholz; der Name „Zeder" ist allgemein eingeführt und garantiert gut spitzbares Bleistiftholz; mit Echter Zeder (die 3 Zedernarten: Libanon-, Atlas- und Himalayazeder) hat Bleistiftzeder nichts zu tun. Der angenehme Geruch dieses Holzes ist typisch. A. W. Faber hatte in Nürnberg-Stein einen Zedernwald gepflanzt. Es handelt sich dabei auch um Bleistiftzedern, also virginischen Wacholder. Für die Holzmuster ist Holz der USA verwendet worden. Die Farbe des Nürnberger Holzes ist etwas gelblich, mit violetten Adern durchzogen und erreicht meist erst in den älteren Teilen die angegebene intensive Farbe. In Deutschland gewachsenes Holz ist auch sehr astreich. — Das griechische Wort „Kedros" bedeutet nur „Wohlriechendes Holz". Im Altertum wird Zedernholz beim Tempel- und Schiffsbau erwähnt, ebenso von Särgen und feinen Holzarbeiten. Dabei handelt es sich nicht um wirkliches Zedernholz, sondern wahrscheinlich um das Holz der Echten Sandarakzypresse. Von ihr ist die Maserung, sog. „Thujamaser" dem Holzverarbeitenden ein Begriff.

Buchsbaum

Echter Buchsbaum, Box, Abassia-Buchsbaum

BAUM

kleiner Laubbaum der Türkei, Kleinasien und Persien (bis etwa 6 m hoch), in Gärten als kleine Bäumchen und Sträucher
Stamm: Durchmesser etwa 15 cm und mehr, rund, kurz, gerade
Rinde: schwach borkig
Blatt: einfach, sehr klein und dick

HOLZ

Einfaches Blatt
des Buchsbaumes

Farbe: im ganzen gelblich
Zeichnung: nur wenig sichtbar durch Zerstreutporigkeit
Fehler: hellbraune Streifen (Zugholz)
Festigkeit: hart, beinartig sehr gleichmäßig dicht und fein, bearbeitet sich gut, wird sehr glatt, arbeitet stark

Verwendung: Furniere für kleine Kunsttischlerarbeiten und Einlageadern, feine Schnitzereien, gedrechselte Dosen, Schalen und Schachfiguren, Maßstäbe, in der Xylographie (Herstellung von Druckstöcken) begehrt

Besonderheiten: Das besonders feine und sehr gleichmäßig gebaute, harte und schwere Holz war schon früher von Bildhauern für Kleinplastiken und von Drechslern zu zierlichen Schachfiguren gesucht, da es nicht ausbricht und das Ausarbeiten feinster Teile zuläßt. Bei uns erreichen Buchsbäume nur selten die für praktische Verwertung nötigen Dimensionen. Aber auch aus geringen Dicken läßt sich durch ein Auftrennen in der Mitte (Radialschnitt), langsames Austrocknen ein einfaches Fügen (Verleimen) aus schmalen Teilen ein breites und stärkeres Stück für Schnitzereien und Drechslerarbeiten gewinnen. Das Holz wird dadurch nicht geringer im Wert, denn eine gute Leimfuge ist eine feste Verbindung und stellt noch dazu durch das Verteilen der Masse ein Mittel gegen das Arbeiten des Holzes dar. — Der im Handel vorkommende sogenannte Westindische Buchsbaum aus Mexiko, Brasilien, Venezuela und von den Antillen wird wesentlich stärker als der echte und besitzt ähnliche Eigenschaften. Buchsbaumhölzer sind gut polierbar.

Afrikanischer Buchsbaum ist ein Echter Buchsbaum (s. auch Teil V!) mit denselben vorher geschilderten Eigenschaften.

Ebenholz

Echtes Ebenholz, Ceylon-Ebenholz, Bombay-Ebenholz, Kamerun-Ebenholz, — Makassar-Ebenholz, Ebony

BAUM

Laubbaum, ähnlich unserem Pflaumenbaum, bis etwa 5 m hoch, einzeln in den Wäldern; Heimat: Ceylon, Bombay, Afrika, Mauritius und Inseln des Malaiischen Archipels.
Stamm: eingeführt, Durchmesser etwa 15 cm, rund, kurz, oft krumm, Makassar-Ebenholz dick (40 cm und mehr); Echtes Ebenholz ohne Splint eingeführt
Rinde: wie bei Pflaumenbaum
Blatt: einfach, oval

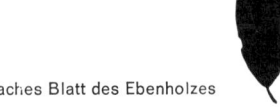

Einfaches Blatt des Ebenholzes

HOLZ

Farbe: im Kern schwärzlich, d. h. schwarz mit Graubraun, auch manchmal etwas bläulich oder grünlich (Kernholzbaum), im Splint weißlich, Makassar-Ebenholz gestreift und im Splint rötlich
Zeichnung: bei echten Ebenholzarten nicht zu erkennen, deutlicher bei Makassar-Ebenholz, dieses auch nadelrissig
Festigkeit: sehr hart, gleichmäßig, schwer bearbeitbar, arbeitet stark

Fehler: schwarze Farbe oft mit Grau und Braun gemischt
Verwendung: Kanten von Zeichenwinkeln, Schnitzereien, Xylophontöne, Kastagnetten, Dämpfer für Geigen, Griffbretter, Wirbel- und Seitenhalter von Streichinstrumenten, Bürstenhölzer, Besteckgriffe, gedrechselte Dosen, Schalen und Schachfiguren, Knöpfe für Kleider und Kassetten, Perlen für Ketten

Besonderheiten: der große Gegensatz zwischen weißlichem Splint und schwärzlichem Kern. Zu uns kommen die kleinen Stämme der echten Ebenhölzer ohne Rinde und ohne Splint, im Gegensatz zu Makassar-Ebenholz. Der dunkle, von so hellem Splint umschlossene Kern wirkt besonders reizvoll auch bei Schnitzereien und Drechslerarbeiten, und ein vollständiger Querschnitt stellt ein anschauliches Beispiel für Kernholzbäume dar. Ebenholz ist ein Gewichtsholz, 1 kg kostet etwa 1,— DM. Ebenhölzer sind gut polierbar.

Eibe

Ibe, Common Yew

BAUM

aufgelockerter, breiter Nadelbaum, bis etwa 8 m hoch; bei uns unter Naturschutz, da selten geworden; Früchte mit leuchtend roten Fruchthüllen (Scheinbeeren)
Stamm: in Gärten meist niedrige Form, hochstämmig in den Alpen, Durchmesser 20 cm und mehr, gerade, oft geteilter Stamm, kurz, spannrückig

Rinde: rötlich, abblätternd, giftig
Blatt: nadelförmig, flach, oberseits dunkelgrün, unten hell, dunkler als bei Tanne, immergrün, giftig

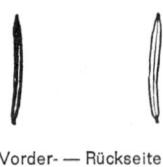

Vorder- — Rückseite

Nadel und Zweig der Eibe

HOLZ

Farbe: rotbraun im Kern, gelblich in schmalem Splint, frisch getrocknet etwas violett, nach dem Trocknen bearbeitet ein warmes Rotbraun, Eibenholz im Flachland gewachsen ist gelbbraun und breitringig (nicht hochwertig)
Zeichnung: deutlich durch helles Frühholz und dunkleres Spätholz, bei sehr engem Wuchs weniger deutlich
Festigkeit: Gebirgseibenholz hart, sehr fein, gleichmäßig und gut bearbeitbar, arbeitet gering, harzfrei
Fehler: in der Ebene entstandenes Holz ist fahl in der Farbe und weich durch breite Jahresringe

Verwendung: feine Kunsttischlerarbeiten, wie z. B. Kassetten, Zierzinkungen, Schnitzereien, feine Drechslerarbeiten

Besonderheiten: im Mittelalter haben deutsche Gebiete Eibenholzkanteln zur Herstellung von Armbrüsten nach England ausgeführt. Wer das schöne Nadelholz einmal gehobelt hat, weiß es zu schätzen und zu beurteilen. — Alerze, ein chilenisches Nadelholz, kann, flüchtig betrachtet, eibenähnlich wirken. Bei sogenanntem Eibenholz mit besonders starken Abmessungen handelt es sich meist um Alerze. Es ist weicher und erheblich leichter als das meist astigere Eibenholz und hat nicht das glatte Aussehen. — Eibenholz ist gut polierbar.

Eiche

Stieleiche, Sommereiche, Bosnische Eiche, Slawonische Eiche — Traubeneiche, Wintereiche, Steineiche, Kohleiche, Spessarteiche, Oak

BAUM

Laubbaum mit großer rundlicher Krone mit Laubnestern, oft etwas oval bei Wintereiche, waldbildend und Einzelmischholz, Höhe bis etwa 20 m; Eicheln mit langem Stiel bei Stieleiche, mit kurzem bei Traubeneiche
Stamm: lang bei Winter- oder Traubeneiche, kurz, dick und knorrig in den Ästen bei Sommer- oder Stieleiche, Durchmesser mit 50 cm und mehr, rund, gerade
Rinde: borkig, tiefrissig, glatt bei Amerik. Eiche
Blatt: einfach mit kurzem Stiel bei Sommereiche, mit längerem bei Wintereiche

Einfaches
Blatt

der Sommereiche   der Wintereiche   der Roteiche

Besonderheiten: Die häufigen Mischungen tragen die Merkmale beider Arten.

HOLZ

Farbe: im Kern gelblichbraun, im schmalen Splint gelblich (Kernholzbaum), engringiges Holz ist heller und sonnig, breitringiges ist dunkler.

Zeichnung: deutlich durch Ringporigkeit (ähnlich Eschen- und Edelkastanienholz), mit Nadelrissigkeit (wie mit der Nadel eingeritzte Linien, die längs aufgeschnittenen Frühholzporen), am gutgeschliffenen Querschnitt durch Vielgestaltigkeit der Zellen sehr reizvoll (s. Abb. 16).

Fehler: Splint rasch faul, Kern- und Frostrisse, Schälrisse, starkastig

Festigkeit: engringiges Eichenholz (Spessarteiche, Tischlereiche, Furniereiche) ist weicher, mild, gut bearbeitbar und leichter, breitringiges ist härter und schwerer, arbeitet mittelmäßig. Holz der amerikanischen Eiche verhältnismäßig weich

Verwendung: Furnier, Möbel, Schnitzereien, gedrechselte Schalen und Tablette, Knöpfe für Kleider und Möbel, Fenster, Türen, Tischbeine, Platten, Parkettböden, Brückenbelage, Treppen, Eisenbahnschwellen, Bänke, Pfosten für Zäune, Faßdauben und Faßböden für Bierfässer, chemische Behälter (auch für Milchsäure), Wasserbauholz, Wasserwaagen, Holzpflaster

Besonderheiten: Die Bezeichnung „Steineiche" für Wintereiche bezieht sich nicht auf das Holz, sondern auf das Laub, das den ganzen Winter über am Baum bleibt und erst fällt, wenn es warm wird. Die Echte Steineiche ist ein immergrüner Baum, z. B. in den Alleen Roms. Sie liefert das härteste und schwerste Eichenholz. Aus diesem dichten, wertvollen Material macht man z. B. Hobelsohlen. Das Holz der amerikanischen Eiche, der Roteiche, ist nicht beliebt, vielleicht, weil es verhältnismäßig weich ist. Seine Farbe ist rötlich, die Zeichnung ausdrucksvoll. Alle gelblichen Eichenhölzer, insbesondere vom Spessart, sind so schön in der Farbe, daß keine Beizbehandlung nötig ist (vor etwa 20 Jahren färbte man alle Eichenhölzer braun bis schwarz). Manchmal läßt sich ein Beizen nicht umgehen, wenn das Holz nicht fehlerfrei ist oder von verschiedenen Stämmen herrührt und nun zu einem Möbelstück oder einem Zimmer verarbeitet werden soll. Im allgemeinen ist der natürliche Farbton des Eichenholzes, ja überhaupt aller Holzarten, unübertrefflich, so daß als erstes Gesetz bei Oberflächenbehandlung gilt, die Naturfarbe des Holzes zu erhalten. Es gelingt bei Eichenholz durch eine farblose Mattbehandlung.

Erle

Roterle, Schwarzerle — Weißerle, Grauerle, Common Alder

BAUM

Laubbaum mit ovaler, stark aufgelockerter Krone, oben stumpf, Äste oft weggeschlagen, Höhe der Roterle etwa bis 20 m, der Weißerle etwa bis 15 m, kleine Zäpfchen, gestielt bei Roterle, fast stiellos bei Weißerle
Stamm: lang, bei Roterle meist stärker und gerader, bei Weißerle schwächer und oft krumm, Durchmesser 30 cm und mehr
Rinde: Roterle rötlich und borkig, Weißerle grau und glatt
Blatt: einfach, Roterle oben gebuchtet, Weißerle oben zugespitzt

Einfaches Blatt
der Roterle

Einfaches Blatt
der Weißerle

HOLZ

Farbe: im ganzen rötlich (Splintholzbaum); frisch geschlagen leuchtendes Orangenrot, das nach dem Trocknen gelblich wird, dunklerer Kern ist abnorm, braune Markflecken (mit Wundgewebe ausgefüllte Gänge der Minierfliege) häufig
Zeichnung: undeutlich bis unkenntlich durch Zerstreutporigkeit
Fehler: braune Markflecken (s. auch Teil IV „Fachausdrücke"!), falscher Kern, leicht stockig und wurmbefallen
Festigkeit: weich, gleichmäßig, arbeitet mittelmäßig, im Feuchten haltbar, frisch im Wasser verbaut dauerhaft, gut bearbeitbar
Verwendung: Kästchen und Kästen für Apparate (Mikroskope), Grobschnitzereien, Holzschuhe, gedrechselte Schalen und Tablette (Erle ist *das* Drechslerholz), Furniere, Absperrfurniere der Tischlerplatten, Blindholz für Platten der Nähmaschinen, Grubenholz, Wasserbauholz.

Esche

Common Ash

BAUM

Laubbaum mit großer rundlicher Krone, bis etwa 15 m hoch, waldbildend und Einzelmischholz; Früchte länglich, beflügelt, bleiben im Winter büschelweise hängen.
Stamm: lang und schlank, Zweige etwas starr und stumpf, Durchmesser 40 cm und mehr, gerade
Rinde: anfangs glatt und grau, mit dunklen und rauhen waagrechten Astmarkierungen, später borkig und dunkler
Blatt: zusammengesetzt, groß

Zusammengesetztes
Blatt der Esche

82

HOLZ

Farbe: im ganzen weißlich bis zum Alter von etwa 60 Jahren, dann erst bräunliche Kern-
bildung (Kernholzbaum), manchmal etwas rötlich

Zeichnung: deutlich durch Ringporigkeit, wellige Faser ergibt besondere Lebendigkeit
(ungarische Esche)

Fehler: oft unregelmäßiger, brauner falscher Kern

Festigkeit: engringiges Eschenholz ist leichter und weicher als breitringiges, arbeitet
mittelmäßig, engringiges ist besser bearbeitbar, zäh

Verwendung: Ski, Wagenteile, Ausstattung für Eisenbahnwagen, Turn- und Sportge-
räte, Furniere, gedrechselte Schalen und Tablette, Griffe, Stiele, Hämmer

Besonderheiten: Handelsbedingungen bezeichnen Eschenholz als erstklassig, wenn
die dunkle Kernfarbe am Zopf, dem oberen (also schwächeren Stammende) nicht mehr
als 30% des Durchmessers ausmacht, und als Schnittholz erster Klasse, wenn es bis
zu 50 cm Dicke kernfrei ist, während bei Dicken über 50 cm 25% Kernholz festen Ge-
füges vorhanden sein dürfen. Bekannt im Furniergeschäft ist ungarische Esche, deren
wellige Faser dem Holz einen herrlichen Ausdruck gibt. Man hat solche Stämme gern
geschält, um die Lebendigkeit des Holzes noch zu steigern. In diesem Zusammenhang
verdient noch die Olivenesche Erwähnung, ein Eschenholz mit zusätzlicher, olivenholz-
artiger Zeichnung und marmorartiger Farbe. — Tamo ist eine japanische Esche. —
Sen-Esche (auch als Sen, Goldrüster, Jap. Goldrüster, Jap. Esche, Jap. Eiche Hari-Giri
in Japan) hat im Radialschnitt das Aussehen feinjähriger Esche und im Fladerschnitt
wie Rüstersplint. Dabei handelt es sich weder um eine Eschen- noch um eine Rüsterart
(s. Abschnitt V „Sen").

Fichte

Rottanne, Common Spruce

BAUM

Nadelbaum, dreieckig mit großer Höhe, spitz endend, bis etwa
30 m hoch, waldmäßig, häufigster Nadelbaum Deutschlands,
öfters mit Tanne verwechselt, hängende Zapfen

Stamm: Durchmesser 50 cm und mehr, rund, gerade

Rinde: rötlich, schwach borkig, Randbäume grau und schuppig
abblätternd

Blatt: nadelförmig, vierkantig im Querschnitt

Besonderheiten: siehe Vergleich Fichte—Tanne!

Zweig mit Zapfen
der Fichte

HOLZ

Farbe: als Gesamteindruck weißlich, dazu in den Spätholzringen bräunlich, abnorme
Farben sind oft Rötlich, Braun und Bläulich bis Schwarzblau

Zeichnung: deutlich durch helles Frühholz und dunkles Spätholz, besondere Belebung
durch Äste

Fehler: braun- und rotstreifig im Splintholz, sehr astig, schlechte Äste, Schälrisse,
Harzgallen

Festigkeit: im ganzen weich, Spätholzringe und Äste erheblich härter, arbeitet gering,
gut bearbeitbar

6*

Verwendung: Möbel, Täfelungen, Decken, Stühle, Tische, Furniere, Blindholz, Absperr-furniere für Tischlerplatten, innere Fenster, Fußböden, Leisten aller Art, Kisten, Dek-ken, Stimmstöcke und Balken der Geigen, Celli und Baßgeigen, Resonanzböden der Klaviere, Harfen und Zithern, Balken und Latten der Dächer, Balkenlagen, Telegra-phenmasten, Zündhölzer, Schachteln, billige Bleistifte, Kerbholzschnitzereien, Brenn-holz, Holzschliff, Zellstoff

Besonderheiten:

Unterscheidungsmerkmale von Fichte und Tanne:

	Fichte	Tanne
		BAUM	

| Form | Pyramidenform, stark nach oben verjüngt, Gipfeltrieb gut ausgebildet | oben rundlich und breit, Gipfeltrieb bleibt zurück |

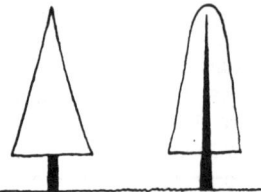

Baumformen von
Fichte und Tanne

Stamm	durch Äste verdeckt	sichtbar bis hinauf
Rinde	in der Jugend rotbraun und glatt, im Alter und bei Randbäumen grau-braun mit rundlichen Borkenschup-pen	in der Jugend silbergrau, Harzbeu-len (daraus Straßburger Terpentin) und im Alter mit eckigen Borken-schuppen
Zapfen	hängend, als ganze Zapfen abge-worfen. Man findet sie auf dem Waldboden (volkstümlich, aber fälschlich Tannenzapfen)	aufrecht stehend, zerfallen nach der Samenreife auf dem Baum. Man kann sie also auf dem Waldboden nicht finden.

Zweig mit Zapfen und Nadel
der Fichte

Zweig mit Zapfen und Nadel
der Tanne

84

Fichte	Tanne

BAUM

	Fichte	Tanne
Nadeln	dreieckig oder vierkantig, ringsum des Zweiges kürzere Lebensdauer (5—7 Jahre)	flach, an der Spitze eingekerbt, unten zwei helle Längsstreifen längere Lebensdauer (8—11 Jahre)
Blattkissen	nach dem Nadelabfall höckerig	nach dem Nadelfall glatt
Wurzel	flach, der Baum ist dadurch leicht entwurzelbar	tief, der Baum ist dadurch sturmfest
Wasserverbrauch	größer (100 g Nadeln i. J. 13,5 l)	kleiner (100 g Nadeln i. J. 7,1 l)

HOLZ

	Fichte	Tanne
Farbe	weißlich bis gelblich als Grundton (Frühholz) und goldbräunlich in Linien- und Fladerzeichnung (Spätholz)	gelblich bis weißlich als Grundton (Frühholz), jedoch meist etwas dunkler als Fichte, ein Grauviolett oder schwaches Bläulich besonders am Übergang zum dunkleren Spätholz, goldbräunlich in Linien- und Fladerzeichnung (Spätholz)
Jahresringe	am Querschnitt zeigen meist einen allmählichen Übergang vom Frühholz zum Spätholz	zeigen meist schroffen Übergang vom Frühholz zum Spätholz
Ast	bräunlich	bräunlich bis schwärzlich und meist etwas grauviolett in seiner Umgebung
Harz	Harzgänge vorhand., die im Längsschnitt bei günstigem Lichteinfall als eingeritzte Linien sichtbar sind. Im Querschnitt sind die Harzgänge nur mit der Lupe sichtbar. Größere Harzansammlungen als Harzgallen kommen häufig vor.	keine Harzgänge vorhanden
Geruch	angenehm harzig	frisch geschnitten unangenehm und etwas säuerlich
Bearbeitung	gut und besser als Tanne	weniger gut als Fichte, reißt beim Hobeln leicht ein

Fichten- und Tannenholz sind gut beizbar, z. B. mit Paracidolbeizen von Arti.

Gabun

Okoumé, Gaboon, Gabun-Mahagoni, Gabun-Okumé, Libreville-Mahagoni, Okoumé-Mahagoni

Zusammengesetztes
Blatt von Gabun

BAUM

großer Laubbaum von etwa 30 m Höhe aus Kamerun, Gabun und Spanisch-Guinea
Stamm: lang, astfrei, Durchmesser etwa 1 m und mehr
Rinde: rötlich, dünn
Blatt: zusammengesetzt

HOLZ

Farbe: rosa bis mahagonifarben, glänzend
Zeichnung: durch große Poren nadelrissig
Festigkeit: weich, gut bearbeitbar, arbeitet gering
Verwendung: Furniere, Absperrfurniere, Sperrholz, Möbel, Kistchen und Kisten

Besonderheiten: beliebt in der Sperrholzfabrikation, Okoumé-Ersatzhölzer sind z. B. Ilomba und Virola.

Hickory

Hickory Nut, Water Hickory, Pekan Hickory, Weiße Hickory, Spottnuß, Bitternuß, Schweinshickory

BAUM

kleiner bis großer Laubbaum von 10 bis 30 m Höhe, oft unserem Walnußbaum ähnlich, wächst in den Vereinigten Staaten von Nordamerika und bei uns in Gärten
Stamm: oft lang und astrein, Durchmesser 30 bis etwa 100 cm
Rinde: hart, grau bis rötlichbraun, meist abblätternd in Streifen und Platten
Blatt: zusammengesetzt, ähnlich dem Nußbaum, aber die einzelnen Blättchen zugespitzt

Einfaches Blatt
des Hickory

HOLZ

Farbe: im Splint weißlich, Kern spät, rötlich bis bräunlich
Zeichnung: deutlich und nadelrissig durch große in Ringen angeordnete Poren
Fehler: Kernholz reißt stark und ist wenig elastisch
Festigkeit: hart, zäh, elastisch, gut bearbeitbar, arbeitet stark
Verwendung: Wagenbau, Flugzeugbau, Ski, Faßteile

Besonderheiten: öfter eschenähnlich, für Ski und andere Erzeugnisse, keinen Kern verwenden!

86

Kiefer

Gemeine Kiefer, Föhre, Forle, Weißkiefer, Weißföhre, Red Fir, Scotch, — Zirbelkiefer, Zirm, Arve, — Schwarzkiefer —, Weymouthskiefer, — Pitchpine

BAUM

Nadelbaum mit großer dunkelgrüner Krone, Laub (Nadeln) in geballten Teilen, etwa 20 m Höhe und mehr, waldmäßig, nach der Fichte bei uns am häufigsten, eingesprengt mit Fichte, Tanne, Rotbuche, Birke usw.

Stamm: Durchmesser 50 cm und mehr, rund, lang, gerade, bis weit hinauf astfrei
Rinde: in den oberen Teilen gelbrot und glatt, unten borkig und dunkelgraubraun
Blatt: nadelförmig, lang, zweiteilig, bei Zirbelkiefer und Weymouthskiefer fünfteilig, Pitchpine dreiteilig

Kiefernzweig

HOLZ

Farbe: im Kern rötlich bis rotbraun (Kernholzbaum), im breiten Splint gelblich, dieser oft bläulich bis schwarzblau (durch Pilz: z. B. Ceratostomella)
Zeichnung: deutlich durch helles Frühholz und dunkles Spätholz, gesunde, rotbraune Äste erhöhen oft die Wirkung
Fehler: Splint wird leicht blau, drehwüchsig, Schälriß
Festigkeit: weich, Spätholz und Äste erheblich härter, arbeitet gering, gut bearbeitbar

Verwendung: Möbel, Täfelungen, Decken, Rahmen, Furniere, Sperrholz, Tischlerplatten, Fenster, Türen, Tore, Fußböden, Treppen, Latten, Schindeln, Balken, Riegel, Zaunpfähle, Eisenbahnschwellen, Holzpflaster, Grubenhölzer, Brückenhölzer, Telegraphenmasten, Kerbschnitzereien, Orgelpfeifen, Wasserbauholz, Holzschliff, Zellstoff.

Besonderheiten: An Querschnitten der Raummeter kann man Holzstudien machen. Frisch geschnitten läßt sich der Kern vom Splint noch nicht unterscheiden. Der Kern färbt sich erst nach einiger Zeit dunkel.

Im Alpengebiet liebt und schätzt man die *Zirbelkiefer* (die Einheimischen sagen kurz Zirm, die Schweizer nennen sie Arve). Sie ist auch eine Kiefer. Die rotbraunen Äste wirken bei den Füllungen der Schränke und Täfelungen besonders schön. Der Ast gilt sonst als unliebsame Erscheinung (Querschnitt!), da er eine besonders harte Stelle inmitten weicher Umgebung (Längsschnitt!) ist und beim Bearbeiten vielfach ausbricht. Der Zirbelkiefernast läßt sich gut hobeln und zeigt sich keineswegs als so harter Knoten, wie ihn der Tischler sonst kennt.

Eine Kiefer von internationalem Ruf ist *Pitchpine* (sprich Pitschpain). Es ist wohl die beste unter allen Kiefernarten. Sie fällt durch starke Spätholzzonen und das damit im Zusammenhang stehende hohe Raumgewicht auf. Der Harzgehalt ist so groß, daß, gegen das Licht betrachtet, die Kanten und Aststellen des Holzes durchscheinend sind. Damit ist das Holz auch besonders dauerhaft und findet als Bautischlerholz und Bau-

87

holz für Freilandkonstruktionen Verwendung. Der europäische Holzhandel nennt dieses wertvollste aller Kiefernhölzer Pitchpine (Pitch = Pech, Pine = Kiefer), Longleafpine (langnadelige Kiefer) indessen der Amerikaner.

Das Holz der *Weymouthskiefer* ist besonders leicht, weich und brauchbar für Leichtkonstruktionen aller Art und Isoliermaterial. *Schwarzkiefer, Österr. Schw.* oder Schwarzföhre aus Niederösterreich, Kärnten, Ungarn usw. (mit schwarzgrauer Borkenbildung bis zur Krone) ist dem Holze der Gem. Kiefer ähnlich, gering arbeitend, sehr harzreich, dauerhaft und etwas schwerer bearbeitbar.

Kirschbaum

Vogelkirsche, Wildkirsche — Süßkirsche, Bird Cherry, Cherry

BAUM

Laubbaum mit rundlicher Krone, wild, meist oval, eingesprengt im Wald, bis etwa 15 m hoch
Stamm: Durchmesser bis etwa 40 cm, Fruchtbaum, Wildarten für den Holzverarbeitenden besonders wertvoll, rund, wild, meist lang
Rinde: violettbraun, glänzend, abrollend
Blatt: einfach

Einfaches Blatt
des Kirschbaumes

HOLZ

Farbe: goldbraun im breiten Kern, manchmal dazu grünlich (wenig beliebt), schmaler und hellerer Splint
Zeichnung: deutlich durch Halbringporigkeit (s. Kapitel IV „Fachausdrücke")
Fehler: grünlich, arbeitet stark
Festigkeit: hart, gut bearbeitbar

Verwendung: Furniere, Möbel, Sitzmöbel, Bilderrahmen, gedrechselte Schalen, Tablette, Dosen, Knöpfe für Möbel und Kleider, Bürstenhölzer, Schaufensterausstattung

Besonderheiten: Kirschbaum gilt als das schönste einheimische Holz für Möbel. Die Farbe ist „golden" und bringt die Sonne in den Wohnraum. Kirschbaummöbel in guter Form für Wohnräume, Schlafzimmer und Speisezimmer sind Schmuckstücke. Sie dunkeln im Laufe der Zeit nach, gewinnen aber dadurch nur an Wärme; man denke an die form- und farbschönen Biedermeiermöbel, die dazu noch zweckmäßig sind. Kirschbaum ist hoch politurfähig, der matt behandelt nicht diese brillante Wirkung hat.

Lärche

Common Larch

BAUM

kegelförmig, Nadelbaum, entfernt ähnlich wie Fichte, einzeln und waldmäßig, in den Alpen, Sudeten und Karpaten, als Einzelmischholz auch in anderen Mittelgebirgen. Einzelne Bäume bis etwa 20 m Höhe, zahlreiche kleine Zapfen

Stamm: kiefernähnlich, etwa 60 cm und mehr dick, rund, lang
Rinde: borkig, dicker als bei Kiefer
Blatt: nadelförmig, kurz, im Herbst schön goldbraun und abfallend

HOLZ

Farbe: im Kern rötlich bis rotbraun, im schmalen Splint gelblich
Zeichnung: deutlich durch helles Frühholz und dunkles Spätholz, kiefernähnlich, aber meist ausdrucksvoller
Fehler: Säbelwuchs, Schälriß
Festigkeit: weich, großer Härteunterschied zwischen Frühholz und dem harten Spätholz sowie im Splint und Kern, arbeitet gering, gut bearbeitbar

Zweig
der Lärche

Verwendung: Möbel, Täfelungen, Decken, Fußböden, Balken, Pfähle, Brücken, Eisenbahnschwellen, Telegraphenmasten, Dachschindeln, Fenster, Türen, Funktürme, Wasserbauholz, chemische Behälter (Ausnahme Milchsäure)

Besonderheiten: Lärchenholz ist sehr verschieden, das vom Alpengebiet und das aus dem Flachland unterscheidet sich nach Farbe und Härte; es ist unser bestes Nadelholz mit kräftiger Zeichnung durch das derbe und dunklere Spätholz. Sogenannte „Blutlärche" der Alpen hat einen sattbraunen Kern, der stets auf gute Qualität deutet. — Lärchenholz hat Ähnlichkeit mit Kiefernholz. Gegenüberstellung:

	Lärche	*Kiefer*
	BAUM	
Belaubung:	gleichmäßig verteilt, zart	büschelig, geballt
Nadeln:	einzeln und in Büscheln, kurz (2 bis 5 cm), gerade, weich	zu zweien, lang (4—8 cm), gekrümmt, steif, gedreht
Zapfen:	sehr klein, bis 4 cm lang, aufrecht hängend, oval	klein, bis 7 cm lang, hängend, kegelförmig
Rinde:	borkig bis stark borkig	obere Teile dünn, glatt, ablösend, unten borkig

Lärche	Kiefer

Lärche	Kiefer
zweifarbig	zweifarbig
Splint schmal und hell	breit und hell
Kernfarbe dunkel, erscheint rasch nach dem Schnitt	erscheint erst einige Zeit nach dem Schnitt
Harzgehalt groß	sehr groß
Jahresringe meist mit kräftigem Spätholz, das nach innen gegen das Frühholz schärfer abgesetzt ist	meist mit schmälerem Spätholz, das nach innen zum Frühholz allmählich übergeht
Zeichnung wird dadurch ausdrucksvoller und derber	wird dadurch nicht so ausdrucksvoll und feiner
Raumgewicht größer als Kiefer	kleiner als Lärche (s. S. 28)

Limba

Gelbes Mahagoni, Mukonja Weiß, Noyer du Gabon, Noyer du Mayombe, Limbo Blanc, Limbo Noir, Afara

BAUM
großer Laubbaum von etwa 40 m Höhe aus Kamerun, Togo, von der Goldküste, vom Kongo und von Angola
Stamm: gerade, mit Brettwurzeln, Durchmesser 1—2 m
Rinde: später borkig, innen gelb
Blatt: einfach, verkehrt eiförmig und ganzrandig

Einfaches Blatt
von Limba

HOLZ
Farbe: meist gelblich bis schwach grünlich (weißes Limba), auch nußbaumbraun (schwarzes Limba) auf grünlichem Grunde
Zeichnung: beim gelblichen Holz keinerlei Zeichnung sichtbar bis auf eine deutliche Nadelrissigkeit, beim nußbaumbraunen Holz kommt ein lebendiges Farbbild in Nußbaumtönen zustande.
Fehler: insekten- und pilzanfällig, zu Rissen neigend
Festigkeit: hart, gleichmäßig, arbeitet gering, gut bearbeitbar
Verwendung: Furniere, Absperrfurniere, Sperrholz, Türen, Parkettböden, helles Limba (Limbo Blanc) für Eichenholzersatz, dunkles Limba (Limbo Noir und Noyer du Mayombe) für Nußbaum, gedrechselte Schalen und Dosen
Besonderheiten: gut beizbar und polierbar, Seidenglanz, von Insekten oft befallen

Linde

Kleinblätterige Linde, Winterlinde — Großblätterige Linde, Sommerlinde, Basswood, Lime

Laubbaum mit breiter, oben stark gerundeter Kegelform, bis etwa 20 m hoch, in Gärten und an Straßen
Stamm: Durchmesser etwa 50 cm und mehr, rund, meist kurz
Rinde: schwach borkig, etwas längsfurchig
Blatt: einfach, Kleinblätterige Linde rückseitig mit rotbraunen, Großblätterige mit weißen Haaren in den Nervenwinkeln (Domatien)

HOLZ

Farbe: gelblich
Zeichnung: undeutlich durch Zerstreutporigkeit, schwache Streifigkeit kommt öfters vor
Fehler: leicht wurmbefallen

Festigkeit: weich, gut schneid- und biegbar, arbeitet mittelmäßig
Verwendung: Schnitzereien (*das* Bildhauerholz), Reißbretter, Behälter für feine Werkzeuge, Prothesen

Besonderheiten: Lindenholz läßt sich gut beizen, Lindenholzgeruch, gewichtsmäßig meist unterschätzt.

Einfache Blätter
der Klein- und
Großblätterigen Linde

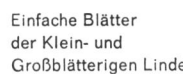

Mahagoni

Echtes Mahagoni, Mahogany, Acajou, Tabasko-Mahagoni usw. — Unechtes Mahagoni, Afrikanisches Mahagoni, Khaya Mahagoni, Sapeli Mahagoni

BAUM

großer Laubbaum Mittel- und Südamerikas sowie Westindiens, mit runder Krone, bis etwa 30 m hoch, Einzelmischholz, bei uns im Glashaus der botanischen Gärten
Stamm: Durchmesser etwa 80 Zentimeter und mehr, rund, eingeführt quadratisch behauen
Blatt: zusammengesetzt

HOLZ

Farbe: im Kern rosabraun bis mahagonirot,
im schmalen Splint heller
Zeichnung: deutlich bis undeutlich
Festigkeit: hart, durch schräge Fasern schwer glatt zu bearbeiten; arbeitet gering

Zusammengesetztes
Blatt von Mahagoni

Verwendung: Furniere, Möbel, Klaviere, massiv für Tropen, Täfelungen, Decken, gedrechselte Schalen, Dosen, Knöpfe für Möbel und Kleider, Zeichenwinkel, Schaufensterausstattung

Besonderheiten: Die Zeichnung ist verschieden, die Wirkung vielfältig. Herkunft, Ausfuhrort und Zeichnungsart geben dem Holz den Namen: Tabasko-, Guatemala-, Haiti-, Honduras-, Jamaica-, Kolumbia-, Kuba-, Mexiko-, Nicaragua-, Panama-, Porto-Plata-, San-Domingo-, San-Jago-, Yucatan-Mahagoni und Mahagoni moucheté, Mahagoni satiné usw. Pyramidenmahagoni ist ein Handelsname für Furniere von besonders lebhafter Zeichnung, die an den Teilungsstellen von Stamm und Ästen oder Stamm und Wurzeln entsteht. Das viel verwendete Sapeli-Mahagoni ist in der Farbe dem echten ähnlich, hat auffallende Streifung und ist schwer zu bearbeiten. Es kommt aus Kamerun, der Elfenbeinküste, Goldküste und Nigeria (Benin bis Sapele). Mahagonihölzer lassen sich gut polieren.

Makoré

Afrikanischer Birnbaum, Njabi, Djave

BAUM

großer Laubbaum bis über 50 m hoch, mit liegend ovaler Krone
Stamm: lang, rund, Durchmesser bis etwa 2 m, weit hinauf astlos
Blatt: einfach
Rinde: dunkel mit hellen Flecken, stark borkig und tiefrissig

Einfaches Blatt
von Makoré
(Afrik. Birnbaum)

HOLZ

Farbe: mahagonifarben bis satt rotbraun im Kern, hellrötlich im Splint

Zeichnung: undeutlich, fein nadelrissig, durch Widerspänigkeit mehr und weniger streifig, Spiegel deutlich
Festigkeit: hart, gleichmäßig, steht gut, meist gut bearbeitbar, dauerhaft gegen Pilze und Insekten

Verwendung: Furniere für innen und außen, Möbel, beliebte Schlafzimmer, Verkleidungen für Wände und Decken, Schaufenster, Treppen, Fußböden, Waggonbau, Schiffsbau, Drechslererzeugnisse

Besonderheiten: Makoré hat nichts mit Birnbaumholz zu tun. Die entfernte Ähnlichkeit in der Farbe mit gedämpftem Birnbaum gab ihm den Namen. Seine Farbe kommt dem Mahagoni näher. Der öfters vorkommende wellige Faserverlauf macht Makoré besonders lebendig. Der Schleifstaub des Holzes reizt die Schleimhäute.

Nußbaum

Walnußbaum, Walnut

BAUM

Laubbaum mit großer, rundlicher Krone, bis etwa 15 m hoch, einzeln stehend

Stamm: Durchmesser etwa 50 cm und mehr, rund, kurz

Rinde: borkig, hellgrau mit rhombischer Zeichnung

Blatt: zusammengesetzt

Zusammengesetztes Blatt des Nußbaumes

HOLZ

Farbe: im Kern graubraun, im breiten Splint heller, durch Belassen der Rinde wird der anschließende Splint dunkler

Zeichnung: undeutlich, Farben täuschen Deutlichkeit vor

Fehler: leicht wurmbefallen
Festigkeit: hart, gut bearbeitbar, arbeitet gering, gleichmäßig

Verwendung: Furniere, Möbel, Bilderrahmen, Täfelungen, Nähmaschinen, gebogene Möbel, gedrechselte Schalen, Tablette, Dosen, Knöpfe für Möbel und Kleider, Radiogehäuse, Schaufensterausstattung, Bürstenhölzer

Besonderheiten: Nußbaumhölzer sind sehr verschiedenfarbig; graubraun, graugrünlich, graugelblich, graurötlich. Die Farbtöne fließen wässerig über die Fläche, unbekümmert um die Grenzen der Jahre. Beläßt man dem Nußbaumholz die Rinde, so färbt diese das anschließende Splintholz etwas dunkler. In den Jahren um 1929 wurde unverhältnismäßig viel kaukasisches Nußbaumholz verwendet, und man glaubte damals für die schönen Farben und die so entstehende außerordentliche Lebhaftigkeit auch entsprechend bewegte und wulstige Formen wählen zu müssen. Das war zu viel des Guten, denn für sehr lebendig gezeichnete Furniere braucht man schlichte Formen. — Amerikanisches Nußbaumholz ist gleichmäßig grauviolett. — Afrik. Nußbaum oder Dibétou hat mit dem Holz des Walnußbaumes Ähnlichkeit. (S. auch Teil V!)

Oregon-Pine

Douglasie, Douglasfichte, Douglastanne, Douglas, Yellow Fir, Red Fir

BAUM

fichtenähnlich, großer bis 90 m hoher Nadelbaum der Vereinigten Staaten Nordamerikas
Stamm: lang, rund, Durchmesser 1—3 m, bis weit hinauf astlos
Rinde: graubraun, borkig, viel glatter als bei Kiefer, deutliche Harzbeulen (Terpentin) an jüngeren Bäumen
Blatt: meist länger nadelig als Fichte und Tanne, gebrochen nach Orangen duftend

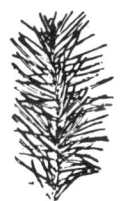

Zweig von Oregon-Pine

Farbe: gelblich im schmalen Splint, zur zartrotbraunen Kernfarbe tritt bei Licht- und Luftzutritt ein Rosaschimmer

Zeichnung: deutlich durch helles Frühholz und dunkles Spätholz, kiefernähnlich, Harzgänge erkennt man durch zarte graue Linien

Fehler: für Möbel und Täfelungen ist der starke Harzgehalt hinderlich

Festigkeit: weich, gut bis schlecht bearbeitbar, arbeitet gering

Verwendung: Furniere, Schälfurniere, Möbel, Füllungen, Fenster, Türen, Täfelungen, Masten, Holzpflaster

Besonderheiten: das beste Holz ist in der Heimat als Yellow Fir bekannt, es ist lang und astlos.

Palisander

Rio-Palisander, Brazilian Rosewood — Ostindischer Palisander, Jacaranda

BAUM

Rio-Palisander ist ein großer Laubbaum von etwa 18 m Höhe aus Brasilien, Argentinien und Westindien. Ostindischer Palisander ist ein großer Baum von etwa 20 m Höhe aus Zentral- und Südindien, Java, mit Teak zusammen

Stamm: stark, Dicke etwa 25 bis 60 cm und 3 bis 6 m Länge

Rinde: grau

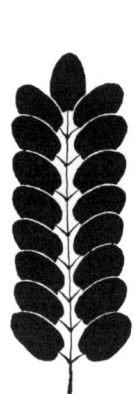  

Brasilianischer
Palisander,
Jacaranda

Ostindischer
Palisander,
Jacaranda

Brasilianischer
Jacaranda-
Palisander

3 Blätter von 3 verschiedenen Bäumen, die Palisanderholz liefern
(Machaerium villosum, Dalbergia latifolia und Jacaranda brasiliana)

HOLZ

Farbe: Rio-Palisander ist braun, rotbraun und dunkelbraun bis schwarz, marmorartig gezeichnet, Ostindischer Palisander ist violettbraun, im Splint sind sie beide gelblich

Zeichnung: nur durch Farbstreifung sichtbar

Fehler: schwärzliche harte Streifen

Festigkeit: hart, schwärzliche Streifen besonders hart, gleichmäßig, arbeitet stark, bearbeitet sich schwer, sehr unterschiedlich

Verwendung: Furniere, Möbel, Täfelungen, Kunsttischlerarbeiten, Billardqueues, Instrumente (Klaviere, Zithern, Xylophone), gedrechselte Schalen, Dosen und Knöpfe für Möbel und Kleider, Intarsien, Schaufensterausstattung

Besonderheiten: angenehmer Geruch, bevorzugt wird Rio-Palisander; das wie rote Rüben aussehende Königsholz von Madagaskar wird öfters als Palisander bezeichnet. Palisanderhölzer sind gut polierbar. — In der beigefügten Holzsammlung ist Rio-Palisander, Ostindisch-Palisander oder Brasilianisches Jacaranda. — Die oben erwähnten schwärzlichen besonders harten Streifen lassen die Werkzeugschneiden ausbrechen.

Pflaume

Zwetschge, Plum

BAUM

kleiner Laubbaum mit elliptischer Krone, bis etwa 8 m hoch, Abarten in Gärten
Stamm: Durchmesser etwa 15 cm, meist rund, kurz, oft gekrümmt
Rinde: schwachborkig
Blatt: einfach

Einfaches Blatt des Pflaumenbaumes

HOLZ

Farbe: im Kern rotbraun und violett, Unterschied zwischen jungem und älterem Holz sehr groß (rosabraun und dunkelviolettbraun), im schmalen Splint gelblich, überaltertes Holz ist dunkelbraun und häufig

Zeichnung: ziemlich deutlich nur durch die Farben; Poren sehr klein und zerstreut

Fehler: häufig überalterter dunkelbrauner Kern

Festigkeit: hart, gut bearbeitbar, arbeitet mittelmäßig
Verwendung: Furniere, Möbel, Griffe und Hefte für Messer und Werkzeuge, gedrechselte Schalen, Dosen, Knöpfe für Kleider und Möbel, Faßhähne, Zaunpfosten, Schnitzereien

Besonderheiten: Den gelblichen Splint kann man, soweit er gesund ist, für manche Arbeiten am dunklen Kern belassen. Geschickt zusammengesetzte Furniere können dadurch ausgezeichnet wirken. Auch für Schnitzereien läßt sich dieser Unterschied auswerten. Der Kern unserer Pflaumenbäume hat sehr oft dunkelbraune Streifen. Sie sind eine Alterserscheinung. Pflaumenholz ist gut polierbar.

Pitchpine

Pitchpine der Europäer, Longleafpine der Amerikaner, Gelb-
kiefer, Echtes Pitchpine, Pechkiefer, Harzkiefer, Texas pine

BAUM

Großer Nadelbaum, bis etwa 36 m hoch, der südlichen und
südöstlichen Staaten Nordamerikas

Stamm: gerade, dick, zylindrisch, bis etwa 75 cm Durchmesser

Rinde: kiefernartig, stark borkig

Blatt: nadelförmig, lang (20 cm und mehr), dunkelgrün, dreiteilig

HOLZ

Farbe: zweifarbig, im breiten Kern gelbrot bis rotbraun, im schmalen Splint gelblich,
scharf abgegrenzte Jahre im Kern und Splint, Spätholzzonen hornartig durch starken
Harzgehalt
Zeichnung: sehr deutlich durch helles Frühholz und dunkles Spätholz
Fehler: durch starken Harzgehalt meist sehr klebrig
Festigkeit: hart, schwer bearbeitbar, arbeitet gering, sehr fest, zäh, dauerhaft, elastisch

Verwendung: Das wertvollste amerikanische Nadelholz, vorzügliches Bauholz, Eisenbahnwagen, Schwellen, Fußböden, Fenster, Türen, Schiffsteile, Brücken, Mühlenteile,
Böttcherwaren

Besonderheiten: Als Pitchpine der Europäer ist es das besonders wertvolle Nadelholz,
während Pitchpine in USA als das geringwertige Holz eines meist kleineren Baumes
verstanden wird.

Pockholz

Guajakholz, Franzosenholz, Guajacan — Maracaibo-Pockholz

BAUM

kleiner Laubbaum mit rundlicher Krone, bis etwa 7 m hoch,
Einzelmischholz, aus Mittel- und Südamerika, bei uns im Glas-
haus der botanischen Gärten
Stamm: etwa 30 cm dick, rund, kurz, gerade, stets mit Splint
im Handel
Rinde: glatt, hart
Blatt: zusammengesetzt (paarig)

Zusammengesetztes
Blatt von Pockholz

HOLZ

Farbe: im Kern braun bis grünlich, im schmalen Splint gelblich

Zeichnung: undeutlich

Fehler: leicht rissig, Schälrisse

Festigkeit: sehr hart, fast nicht spaltbar, geringe Abnutzung, arbeitet mittelmäßig,
schwer zu bearbeiten (widerspänig)

96

Verwendung: Kegelkugeln, Rollen, Hobelsohlen, Stopfbuchsen für Schiffsschraubenwellen, Späne in der Medizin verwendet

Besonderheiten: Pockholz (außer Maracaibo-Pockholz) wird am Licht, an der Luft und durch Nässe grün bis blaugrün. Die rotbraunen Kegelkugeln sind aus Quebracho (sprich Kebratscho), dem Eisenholz Südamerikas. Einen richtigen Eindruck der Eigenschaften des Holzes gewinnt man durch Selbstbearbeitung, etwa durch Sägen und Hobeln, wobei der kautschukartige Geruch auffällt. In Kegelkugelwerkstätten (Drechslereien) bewahrt man die Abfälle für Drogenwaren auf. Sie dienen für Naturtee. Jahrhundertlang wurde zerkleinertes Pockholz in der Heilkunde (Syphiliskuren) verwendet. Wer Pockholz einmal in der Faserrichtung zu spalten versuchte, wird bemerkt haben, daß es nur schwer gelingt. Ein einfacher Versuch läßt den Grund hierfür erkennen: Man gibt einem Pockholzstück die Form und Größe einer dicken Wäscheklammer und reißt sie bei den Schenkeln der Klammer auseinander. Dann schaut man sich die so entstehenden Spaltflächen an und dazu die Spaltlinie am Querschnitt. Die Holzfasern sind krumm und schräg gegeneinander verkeilt: Widerspänigkeit. Zum Vergleich versuche man dasselbe bei Fichte, Buche oder Eiche. Leider ist es nicht gelungen, das Holz in die anschließende Sammlung aufzunehmen. Pockholz ist stark harzhaltig.

Redwood

Mammutbaum, Kalifornisches Rotholz, Californian Redwood, Riesenmammutbaum, Küstenmammutbaum

BAUM

pyramidenförmiger Nadelbaum, spitzer Gipfel; Heimat Vereinigte Staaten von Amerika, der Küstenmammutbaum in Waldungen (Redwood-Empire) im kalifornischen Küstengebiet, der Riesenmammutbaum der Sierra Nevada einzeln in etwa 2000 m Höhe, bis etwa 140 m hoch

Stamm: oft mehrere Meter dick, rund, gerade

Rinde: rotbraun, borkig, abblätternd, bei sehr großen Bäumen bis 60 cm dick

Blätter: schuppenförmig beim Riesenmammutbaum und nadelig beim Küstenmammutbaum

Schuppenförmiges
Blatt von Redwood

HOLZ

Farbe: im Kern rosa bis dunkelbraunrot, im Splint gelblich

Zeichnung: deutlich durch helles Frühholz und dunkles Spätholz, beide sehr schmal

Festigkeit: weich, gut und leicht bearbeitbar, dauerhaft, arbeitet gering

Verwendung: Bauholz, in Amerika Eisenbahnschwellen, gedrechselte Schalen und Dosen aus knollenartigen Verwachsungen von Redwood (Vawona)

Besonderheiten: Es klingt märchenhaft, daß einer dieser Riesen über 3700 Festmeter Holz hatte: „Vater des Waldes" im Calaverawald mit 135 m Höhe und etwa 12 m Durchmesser am Erdboden. Heute ist der höchste der „Sternenkönig" mit 110 m. Auch bei uns gibt es an der klimatisch günstig gelegenen Bergstraße oder sonst in manchen Gärten Mammutbäume, die stattlich dastehen und einen schwachen Begriff von der Größe und Form der Bäume Kaliforniens vermitteln. — Kein Befall von Holzschädlingen!

Rosenholz

Echtes Rosenholz, Brasilianisches Rosenholz, Bahia-Rosenholz, Brazilian Tulipwood

BAUM
kleiner Laubbaum Brasiliens
Stamm: kurz, etwa 1 bis 5 m lang und 20 cm dick

HOLZ
Farbe: rosenrot (Rosenholz) bis karminrot und gelblich gestreift, gelblich im Splint
Zeichnung: nur durch farbige Streifung ausdrucksvoll
Fehler: häufig Kernfäule durch schmutziges Gelb und Braun kenntlich (Stammholz) bereits im Ursprungsland am Querschnitt durch gesundes Dübelholz unkenntlich gemacht!)
Festigkeit: hart, gleichmäßig, sehr fein, meist gut bearbeitbar
Verwendung: Furniere, Möbelteile, kleine Kunsttischlerarbeiten, Intarsien, gedrechselte Schalen, Dosen, Knöpfe für Möbel und Kleider

Besonderheiten: gut polierbar, beim Bearbeiten angenehmer Geruch, das schönfarbige Holz verliert sehr oft in kurzer Zeit an Licht und Luft sein intensives Rot (auf beigegebene Holzprobe achten!). Innere Kernteile sind oft faul und unscheinbar braun.

Roßkastanie

Horse Chestnut

BAUM
Laubbaum mit rundlicher bis ovaler dichter, großer Krone, bis etwa 20 m hoch, überall an Straßen und im Garten; weiß, rot und selten gelbblühend
Stamm: bis etwa 50 cm dick, meist drehwüchsig, rund, kurz, gerade
Rinde: abblätternd, drehwuchskenntlich
Blätter: zusammengesetzt (handförmig)

Zusammengesetztes
Blatt der Roßkastanie

HOLZ
Farbe: im ganzen weißlich, abnorm oft bräunlich und bläulich
Zeichnung: undeutlich bis unsichtbar durch Zerstreutporigkeit
Fehler: häufig drehwüchsig (widersonnig oder rechtsdrehend), leicht farbig (bräunlich, grau, blau)
Festigkeit: weich, meist gut bearbeitbar, arbeitet gering

Verwendung: Blindholz, Kästchentischlerei, Absperrfurniere, Schnitzereien, gedrechselte Schalen und Dosen, drehwüchsiges Holz zu kleinen Drechslerwaren

Besonderheiten: Für Roßkastanienholz gibt es kaum Interesse, da man es zu wenig kennt. Geradfaseriges Holz ergibt ein vorzügliches Blindholz und Absperrfurnier.

Rotbuche

Buche, Common Beech

BAUM

große, rundliche Krone, bis etwa 20 m hoher Laubbaum, waldbildend, Rotbuche hat mit Weißbuche nur den Namen „Buche"
gemeinsam, erstere gehört zu den Buchen-, letztere zu den
Birkengewächsen, Blüten unscheinbar, Früchte „Bucheckern"
allbekannt

Stamm: Durchmesser etwa 50 cm, rund, lang

Rinde: silbergrau, glatt, „Chinesenbärte" heißen die schwärzlichen Streifen der Astansätze

Blatt: einfach, fast glattrandig im Gegensatz zur Weißbuche

Einfaches Blatt
der Rotbuche

HOLZ

Farbe: im ganzen weißlich bis graurötlich, meist mit falschem roten Kern, gedämpft
schön rotbraun

Zeichnung: undeutlich, durch Zerstreutporigkeit gedämpft deutlich, Spiegel deutlich

Fehler: falscher Kern, astig, farbig (grau, bräunlich, bläulich), reißt, leicht stockig,
weißfaul

Festigkeit: hart, gleichmäßig, gedämpft gut stehend, bearbeitet sich noch gut

Verwendung: Noch vor etwa 40 Jahren nur als Brennholz; heute für Massenartikel,
Griffe, Stiele, Knöpfe, Maßstäbe, Lineale, Scharniere, Küchenbretter, Kleiderhaken,
Kleiderbügel, billige Zeichenwinkel und Reißschienen, Tischleisten, Wäscheklammern,
Löffel, Quirle, Schirmstöcke, Bürstenhölzer aller Art, Unterlagbrettchen für Schalter,
Schuhleisten, Absätze und Sohlen. Aus Rotbuche fertigt man Tische, vor allem Tischbeine, Platten und ihre Gratleisten, Hobelbankplatten, Hobel, Parkettböden, gebogene
Möbel (Thonetsch Möbel), Eisenbahnschwellen, Holzpflaster, Klosettsitze, Wagenteile
und Räder, Kisten und zweckmäßige Möbel (Büromöbel), Sitzmöbel; Rotbuchenfur-
niere zu Sperrholz, kunstharzverleimte Stücke und gepreßtes Oboholz, Zellstoff, neuer-
dings wird frisches Rotbuchenholz ohne weitere Vorbehandlung bis zum Kernteil ge-
messert, dadurch bleibt das Holz weiß.

Besonderheiten: Rotbuchenholz ist gut beizbar und polierbar, in Verbindung mit Erd-
feuchtigkeit ist Rotbuche zu imprägnieren. Das Holz ist durch seine gleichmäßige Dichte
für Büromöbel viel geeigneter als Eiche.

Tanne

Weißtanne, Edeltanne, Common Silver Fir

BAUM

Nadelbaum wie Fichte, jedoch der Gipfel gerundet, waldbildend, auch mit Fichte zusammen, bis etwa 40 m hoch, aufrechtstehende Zapfen, die bereits am Baume zerfallen

Stamm: Durchmesser etwa 50 cm, rund, lang

Rinde: grau, glatt, im höheren Alter schuppig und abblätternd

Blatt: nadelförmig, rückseitig zwei helle Linien

7 *

HOLZ

Farbe: im ganzen gelblich und schwach-
bläulich, das Spätholz braun

Zeichnung: deutlich

Fehler: Krebs, Schälriß

Festigkeit: weich, Spätholz härter, arbeitet gering, nicht gut bearbeitbar

Verwendung: wie Fichte, Böden für Stal-
lungen, Erzeugnisse ohne Harzgeruch,
Täfelungen, Decken, Möbel

Zweig mit Zapfen und Nadel der Tanne

Besonderheiten: siehe Zusammenstellung Fichte—Tanne unter Fichte! Mit Weißtanne
wird die helle Rinde charakterisiert.

Teak

Tiek, Indische Eiche, Java-Teak, Rangoon-Teak, Moulmein-
Teak, Djati

BAUM

großer Laubbaum, bis etwa 40 m hoch, Heimat ist Vorder- und
Hinderindien, Inseln des Malaiischen Archipels

Stamm: lang und rund, Durchmesser 40—100 cm

Rinde: grau, abblätternd, weich

Blatt: einfach, sehr groß, elliptisch und etwas spitz

Einfaches Blatt
von Teak

HOLZ

Farbe: gelblichbraun im Splint und dunkelgelbbraun bis nußbaumartig im Kern, frisch
olivgrün

Zeichnung: durch große Frühholzporen deutlich und nadelrissig

Fehler: mehr oder weniger mineralische Einlagerungen stumpfen die Schneiden der
Werkzeuge

Festigkeit: hart, bearbeitet sich gut, arbeitet gering, konserviert durch den Ölgehalt
das damit in Berührung kommende Eisen

Verwendung: Möbel, Sitzmöbel, Tische, Kleingeräte, Tropenkisten, Behälter für Chemi-
kalien, wichtigstes Schiffsbauholz, Waggonbau, Schwellenholz, Wasserbauholz, Fenster, Türen, Schnitzereien, Wasserwaagen

Besonderheiten: lederähnlicher Geruch, fühlt sich fettig an, die großen Poren häufig
mit mineralischen Bestandteilen gefüllt (phosphorsaures Kalzium), die die Schneiden
der Werkzeuge rasch stumpf machen. — Aus Westafrika bis Ostafrika kommt Teak-
ersatz als Afrikanisches Teak, Iroko oder Kambala.

Ulme

Rüster, Rotulme, Rotrüster, Feldulme, Common Elm, Elm — Weißulme Weißrüster,
Bergulme — Flatterulme, Bastulme

Laubbaum mit großer, rundlicher Krone, bis etwa 20 m hoch, im Wald eingesprengt, an Straßen, im Garten, bei uns drei Arten: Feldulme, Bergulme, Flatterulme; Blüten unscheinbar, doch die so zeitigen Früchte in Paketen deutlich

Stamm: Durchmesser bis etwa 50 cm, rund, gerade

Rinde: borkig

Blatt: einfach und unsymmetrisch

Einfaches Blatt
der Rotulme
(Feldulme)

Einfaches Blatt
der Bergulme

Einfaches Blatt
der Flatterulme

H O L Z

Farbe: braun bis rötlichbraun im Kern, gelblich im breiten Splint, im Kern manchmal etwas grün

Zeichnung: deutlich durch Ringporigkeit, Zickzacklinien im Fladerschnitt, deutliche Spiegel im Radialschnitt, Wellenlinien (aus Spätholzporen) am Querschnitt

Fehler: grünlich, kernrissig, Schälrisse, Splint wurmanfällig

Festigkeit: hart, bearbeitet sich meist gut, arbeitet mittelmäßig

Verwendung: Furniere, Möbel, Nähmaschinen, Täfelungen, Decken, Kleinkunsttischlerarbeiten, Intarsien, Wagenteile, Treppen, gedrechselte Schalen, Tablette, Dosen und Knöpfe für Möbel und Kleider, Schaufensterausstattung, Radiogehäuse

Besonderheiten: Holzhandel und Industrie bezeichnen das Holz der Feldulme mit Rotulme und das der beiden übrigen mit Weißulme. Rotulmen- und Bergulmenholz haben gewöhnlich breiteren Kern als das der Flatterulme. Unangenehmer Geruch im frischen und halbfrischen Zustand!

Weide

Silberweide — Babylonische Weide — Salweide, Willow

B A U M

Laubbaum mit großer, rundlicher, lockerer Krone, bis etwa 15 m hoch, Strauch und Baum in Wassernähe

Stamm: Durchmesser etwa 50 cm, rund, lang, oft krumm

Rinde: borkig

Blatt: einfach, meist lanzettlich, oval bei Salweide

Einfaches Blatt
der Silberweide

Einfaches Blatt
der Salweide

HOLZ

Farbe: im Kern zart rötlich, im breiten Splint weißlich, deutlicher Unterschied erst durch Licht- und Lufteinwirkung
Zeichnung: undeutlich bis unsichtbar durch Zerstreutporigkeit
Fehler: kernfaul

Festigkeit: weich, gut bearbeitbar (besser als Pappelholz), gleichmäßig, arbeitet gering
Verwendung: Absperrfurniere, Schälfurniere für Zündhölzer und Schachteln, Blindholz, Kisten, künstliche Glieder, Schaufelstiele, Holzschuhe

Besonderheiten: Weidenholz wird öfters wie Pappelholz behandelt und ist in vielen Fällen mit einfachen Hilfsmitteln nicht zu unterscheiden. Die viel bessere Bearbeitbarkeit ist hervorzuheben.

Weißbuche

Hainbuche, Common Hornbeam, Hornbeam

BAUM

rundliche Krone, bis etwa 20 m hoch, einzelner Laubbaum im Wald und Garten, mit Rotbuche nur den Namen Buche gemeinsam, Weißbuche gehört zu den Birkengewächsen, Rotbuche zu den Buchengewächsen
Stamm: Durchmesser etwa 30 cm, spannrückig, gerade, lang
Rinde: Grautöne, Parallelogrammzeichnungen, glatt
Blatt: einfach, gezähnt im Gegensatz zu Rotbuche

Einfaches Blatt
der Weißbuche

HOLZ

Farbe: weißlich bis schwachgrau und schwach bräunlich
Zeichnung: undeutlich durch Zerstreutporigkeit, im Querschnitt bogenartige Jahresringe von Markstrahl zu Markstrahl
Fehler: spannrückig, leicht stockig, grau werdend
Festigkeit: hart, das härteste Nutzholz Deutschlands, arbeitet mittelmäßig, nicht dauerhaft
Verwendung: Hobel aller Art, Hobelsohlen für Rotbuchenkästen, Hämmer, Winkel, Walzen, Spindeln, Zähne für Räder, vorzügliche Stöcke für Schirme, Schuhmachernägel
Besonderheiten: Weißbuchenholz ist das härteste Nutzholz Deutschlands. — Steinbuche oder Schwarz- oder Hopfenbuche des südl. Europas (z. B.: Südtirol) übertrifft an Härte und Zähigkeit das Weißbuchenholz.

Whitewood

Tulpenbaum, Amerik. Pappel (fälschlich), Tulip Tree

BAUM

Laubbaum mit großer, rundlicher Krone, bis etwa 30 m hoch, tulpenartige, orange und grüne Blüten; aus Nordamerika, bei uns einzeln in Gärten

Stamm: Durchmesser 60 cm und mehr, in der Heimat sogar 2 m und mehr, rund, lang, gerade

Rinde: borkig

Blatt: einfach, besondere Form auffallend

Einfaches Blatt
von Whitewood

HOLZ

Farbe: grünlich im Kern, weißlich im breiten Splint (Bezeichnung: Whitewood = weißes Holz), häufig mißfarben (violettbraun), lebhaft grün im frischen Kernschnitt, Kernfarbe wird an der Luft gelbbraun, das Grün verschwindet ganz
Zeichnung: undeutlich durch Zerstreutporigkeit
Fehler: Das Grün des Kerns ist nicht lichtecht, es wird am Licht sehr bald bräunlich, farbig (bräunlich, schmutzig grau)

Festigkeit: weich, gut bearbeitbar, sehr gleichmäßig, arbeitet gering
Verwendung: bestes Absperrfurnier, Blindholz, Klavierhammerteile, Kisten

Besonderheiten: Whitewood war das erste fremde Absperrfurnier der Holzindustrie, dann kamen Gabun, Abachi und zuletzt unter anderem Limba.

Zebrano

Echtes Zebraholz, Zingana

BAUM

großer Laubbaum Westafrikas, Kamerun, Gaboon

Stamm: stark

Blatt: zusammengesetzt

Zusammengesetztes Blatt
von Zebrano

HOLZ

Farbe: meist gelblicher Grund, manchmal auch grauer Grund, und dunkelbraune Zonen
Zeichnung: unruhig durch dunkle Streifen und eine Art Fladerung, durch große Poren stark nadelrissig
Fehler: drüsenartige Einlagerungen von schwarzen bis schwarzbraunen gummiartigen Stoffen

Festigkeit: hart, ungleichmäßig, leicht bis schwer bearbeitbar (widerspänig)
Verwendung: Furniere, Tischlerei, Täfelungen, Intarsien, Schaufensterausstattungen, Drechslerei

Besonderheiten: durch die sehr unruhige Zeichnung ist das Holz nur für kleinere und schmale Flächen der Möbel, Täfelungen und Schaufensterausstattungen geeignet, das Holz ist gut polierbar und hat unangenehmen Geruch.

IV. Fachausdrücke

mit kurzen Erklärungen

Absperren — das Holz durch entsprechende Konstruktion (Übereinanderleimen) mit Furnieren oder Blindholz mit Absperrfurnieren gegen ein Arbeiten (siehe dort) schützen

Absperrfurnier — Furniere von 1,5—3 mm Dicke, die das Blindholz (Mittellage) einschließen; aus Erle, Birke, Rotbuche, Pappel, Weide, Whitewood, Gabun, Abachi usw.

Arbeiten des Holzes — Schwinden, Werfen, Windschiefwerden, Reißen und Quellen des Holzes

Aufrechte Jahre — senkrechter Verlauf der Jahresringe am Brettquerschnitt (geringster Schwund)

Blanke Ware — weder rot- noch blaustreifig, noch durch unfachgemäße Behandlung farbig gewordene Brettware

Blauwerden — Blaufärbung des Holzes (Splint von Kiefer, Fichte usw.) durch Pilze (Ceratostomella-Arten)

Bleistiftschnitt — Schälschnitt von der Form eines Spanes, wie er beim Bleistiftspitzer entsteht, ergibt runde Schälfurniere mit schöner radial aufgeteilter Zeichnung

Blindholz — nicht sichtbarer Holzteil, der von zwei Absperrfurnieren umleimt wird wie bei der Tischlerplatte

Blockbandsäge — waagrecht arbeitende, breite Bandsäge zum Abtrennen einzelner Bretter

Bohle — starkes Brett von über 50 mm Dicke

Borke — dicke Rinde wie bei Kiefer, Lärche, Eiche, Pappel usw.

Brett — parallel (gleichlaufend) oder annähernd parallel zur Stammachse aufgeschnittener Stamm bis zur Dicke von 50 mm

Buchsiges Holz s. Druckholz

Chinesenbart — dunkle, nach oben gewölbte Linie an Rotbuchenstämmen; kennzeichnet die Lage des Astes

Dauerhaftigkeit — Widerstand des Holzes gegen Zerstörung durch Pilze und Insekten

Dichte — Verhältnis von der Masse des Körpers zu seinem Rauminhalt; je größer die Masse von 1 cm³ eines Stoffes ist, um so dichter ist er. In einem dichteren Körper muß also die Materie auch dichter gepackt sein, um in gleichem Inhalt die entsprechend größere Masse zu enthalten. Rechnerisch gilt: Dichte = Masse des Körpers in Gramm dividiert durch Volumen desselben in Kubikzentimeter

Dicotyledonae — Zweiblattkeimer, Keimling mit zwei Keimblättern, z. B. Laubhölzer

Drehwuchs — spiralig verlaufende Fasern im Stamm, äußerlich schon an der Rinde kenntlich, am Brett durch stehende und liegende Fasern; Ursachen: einseitige, dauernde Abkühlung der Pflanze, Hindernis beim hochwachsenden Keimling, Erbanlage usw. 1. linksdrehend oder sonnig gedreht, 2. rechtsdrehend oder widersonnig gedreht. —
D. setzt Biege- und Druckfestigkeit herab

Druckholz — buchsiges Holz, Rotholz (im Gegensatz zu Weißholz, s. Zugholz), rothartes Holz oder Reaktionsholz zeigt sich im Holz von Nadelbäumen, die starken Winden ausgesetzt waren und an Steilhängen standen. Der Baum bildet ein Stützgewebe in Form eines Druckholzes als Gegengewicht zur Beanspruchung durch Wind und Gewichtsverlagerung. Im ersten Fall: auf der dem Wind abgewandten Seite (Windschattenseite); im zweiten Fall: auf der dem Hang abgewandten Seite.

Dübel — meist runde zapfenartige Verbindung für Möbel

Edelfurniere — Furniere, die aus harten, edlen Holzarten bestehen wie etwa Eiche, Ulme, Ahorn, Kirschbaum, Nußbaum, Birnbaum, Birke, Esche, Mahagoni, Palisander usw. und nur die äußere, ungefähr 1 mm dicke Holzschicht von Möbeln und Kassetten bilden

Einblattkeimer — Pflanzen mit einem Keimblatt, z. B. Palmen und Bambusgewächse *(Monocotyledonae)*

Farbe des Holzes — Farbe am Längsschnitt und Querschnitt als wichtigstes Erkennungszeichen der Holzart bildet einen Maßstab für die Gesundheit derselben und ist bedeutend für die Raumgestaltung, Möbel und manch kleinen, schmückenden Gegenstand

Faser — ist der in Wuchsrichtung liegende kleine Holzteil — auch die Bezeichnung für die beim Nadelholz hauptsächlich vorkommende Zellenart (Tracheide) und die beim Laubholz vorkommende Zelle, die der Festigkeit dient

Faserrichtung — Verlauf der Fasern des Holzes

Faßdauben — Faßteile, die gespalten am besten alle Ansprüche erfüllen (gutes Stehen und Undurchlässigkeit)

Feder — schmales Querholz, das in die Nut bzw. Nuten des Brettes eingeschoben wird

Fehler — Fehlfarbe, Äste (besonders schlechte), Risse, Werfen, Windschiefwerden, Pilzbefall, Insektenbefall des Holzes

Feinringigkeit — schmale Jahresringe bis etwa 3 mm größte Dicke

Feuchtigkeit — prozentuale Feuchtigkeit des Holzes, z. B. 10% bedeutet das Verhältnis der Feuchtigkeit zum Gewicht des vollständig trockenen Holzes

Fladern — bogenförmige Linien und Streifen des Fladerschnitts des sich kegelartig aufbauenden Stammes

Fladerschnitt — Längsschnitt parallel zur Stammachse

Frostriß — Längsriß im Stamm, durch große Kälte entstanden

Frühholz — Teil des Jahresringes, der im Frühjahr entsteht und meist hell und weich ist

Furnier — dünnes Brettchen von durchschnittlich 0,8 mm Dicke

Furnierschälmaschine — Maschine (Schälautomat) zur Herstellung von Schälfurnieren für Stämme bis etwa 1600 mm Durchmesser und 2600 mm Länge (Stamm dreht sich und Messer steht fest)

Ganzholz — ganzer Stamm oder ein Balken aus einem Stamm

Gattersäge — im Rahmen (Gatter) eingespannte Sägeblätter arbeiten senkrecht (Vertikalgattersäge) oder mit einem Sägeblatt waagrecht (Horizontalgattersäge)

Gefäßbündel — Leitbündel stellen die Leitungsbahnen für Wasser und Nährstoffe dar

Gehrung — Verbindung von Leisten und Brettern im 45⁰ oder auch in anderem Winkel

Gewicht — Gewicht eines Kubikdezimeters, Kubikmeters oder Kubikzentimeters Holz beträgt durchschnittlich 0,7 kg/dm³, bzw. 0,7 t/m³, bzw. 0,7 g/cm³; Kleinstwert für Holz ist rund 0,12 und Größtwert rund 1,2; reine Holzmasse wiegt etwa 1,5 kg/dm³.

Gratleiste — Einschubleiste aus Hartholz, die mit schwalbenschwanzförmiger Feder in die entsprechende Nut der zur Platte verleimten Bretter eingeschoben wird

Grobringigkeit — Jahresringe von über 3 mm Dicke

Halbholz — in der Mitte aufgetrennter Stamm oder Balken

Halbringporigkeit — geringer aber noch erkennbarer Unterschied zwischen Frühholz und Spätholz durch etwas größere Poren im Frühholz (z. B. Kirschbaum, Nußbaum, Eberesche, Faulbaum)

Harte Hölzer — alle Laubhölzer mit Ausnahme von Linde, Pappel, Erle, Roßkastanie und Weide; von den Nadelhölzern gehören Pitchpine, Zypresse und manche im Gebirge gewachsene Eibe zu den Harthölzern

Harzgallen — abnorme Harzansammlungen zwischen den Zellen, im Querschnitt etwa halbmondförmig, im Längsschnitt oval

Harzgang — sekrethaltiger Interzellularraum (Zwischenzellhohlraum), der eine lange Röhre darstellt und mit sog. Epithelzellen, die das Harz liefern, ausgekleidet ist

Hirnschnitt — siehe Querschnitt

Holz — der innerhalb des Kambiumringes verbleibende Gewebeteil der Bäume und Sträucher; chemisch: Zellulose, Lignin, Hemizellulosen, Harze, Fette und Asche; organischer Körper aus verschiedenartigen Zellen: Holzfasern, Gefäßen (Poren) Tracheiden, Parenchym

Holznägel — kantige, zugespitzte Holzdübel aus Birke, Ahorn, Eiche, falscher Akazie (Robinie) werden u. a. verwendet um Eckverbindungen unverrückbar zu machen

Horizontalgattersäge — waagrecht arbeitende Gattersäge mit einem Sägeblatt, wodurch immer nur ein Brett abgetrennt wird; für wertvollere Holzarten verwendet, ist nach jedem Schnitt nach der Güte und Verwendung auf die Schnittdicke einzustellen

Hygroskopie — Feuchtigkeit abgebende und aufnehmende Eigenschaft des Holzes und anderer hygroskopischer Stoffe (Haare, Wolle, Alkohol, Salz u. a.)

Jahre — Jahresringe und Teile der Jahresringe

Jahresringe — ringförmige Teile des Holzes, die in einem Jahre zustandekommen und zusammen den Holzkörper aufbauen; bestehen aus Frühholz- und Spätholzring; am Querschnitt des Stammes mehr oder weniger deutlich; durch Zählen der Jahresringe ist das Alter bestimmbar

Kambium — siehe Lebensschicht

Kern — älterer, innen liegender Holzteil, der durch Kernstoffe (s. d.) oft dunkler ist als der angrenzende jüngere Splint

Falscher Kern — sichtbarer Kern von Holzarten, die normalerweise keinen oder keinen farbigen Kern haben

Kernholzbäume — Holzarten mit dunklem, hartem Kern und hellerem, weicherem Splint

Kernstoffe — Stoffe im Kernholz wie Farbstoffe, Öle, Gerbstoffe und mineralische Bestandteile, die dem älteren Holzteil, dem Kern, meist mittels Oxydation die Färbung geben

Konkav — hohl, vertieft, nach innen gewölbt; Konkavseite = linke Seite des Brettes

Konvex — erhaben, nach außen gewölbt; Konvexseite = rechte Seite des Brettes

Kork — Rinde der Korkeiche

Künstliche Holztrocknung — Trocknung des Holzes durch künstlich erzeugte Wärme, Feuchtigkeit und Luftbewegung, durch welche die natürliche Trocknung ersetzt und verkürzt werden kann, ohne die Eigenschaften des Holzes zu beeinträchtigen oder gar zu schädigen

Längsschnitt — Schnittführung mit der Holzfaser verlaufend, also parallel zur Stammachse oder durch diese gehend, erstere als Fladerschnitt, letztere als Spiegelschnitt bezeichnet

Larve — Jugendform von Tieren, hier von Holzschädlingen, die sich vom entwickelten Tier wesentlich unterscheidet; Holzverarbeitende nennen die Larve kurz Holzwurm.

Laubhölzer — Gruppe der bedecktsamigen Gewächse *(Angiospermae)*, Zweiblattkeimer *(Dicotyledonae)*, zur Abteilung der Samenpflanzen und zum Kreis der Embryopflanzen *(Embryophyta)* gehörig

Lebensschicht — schmale, nur wenige Zellreihen dicke Schicht, die nach außen Bast und nach innen Holz bildet

Leicht farbig — Bezeichnung für abnorme Tönung, die bis zu 10% der Oberfläche ausmachen kann

Linke Seite — konkave oder hohle Seite des Brettes oder der Bohle, die nach der Rinde zu liegt und beim Trocknen mehr oder weniger hohl wird

Mark — die weiche Mitte eines Querschnitts in Röhrenform, meist dünn, verschiedenförmig (z. B. fünfsternig bei Eiche, etwas oval bei Esche), aber auch stärker, z. B. bei Holunder, Kiri, Götterbaum, Essigbaum, Geweihbaum usw.

Markflecken — braune Flecken bei Erle, Birke usw.; durch die Kambium-Minierfliege *(Dendromyra betulae)* verursachte und mit Wundgewebe ausgefüllte Bohrgänge

Markröhre — die in der Stammitte befindliche, von Mark erfüllte Röhre, oft fälschlicherweise als Kern (s. d.) bezeichnet

Markstrahlen — Teile des Holzes, Zellengruppen des Holzkörpers (meist Holzparenchym), die von außen nach innen verlaufen (radial), zum Teil gerade, zum Teil krumm, am Querschnitt als deutliche oder undeutliche Linien sichtbar, am Längsschnitt (Spiegelschnitt) als deutliche oder undeutliche schmale oder breitere Bänder oder Bandstücke sichtbar

Messerfurniere — Furniere, hergestellt mit der Messermaschine, die wie ein großer Hobel arbeitet; Dicke durchschnittlich 0,8 mm

Mild — weich; z. B. bedeutet milde Eiche eine verhältnismäßig weiche Tischlereiche mit gleichmäßig schmalem Wuchs, die sich gut bearbeiten läßt

Mittelbrett — Brett oder auch einige Bretter der Stammitte

Mittelfarbig — Bezeichnung für abnormfarbige Tönung, die 10 bis 40% der Oberfläche des Brettes betragen kann

Mittenschnitt — Spiegelschnitt

Monocotyledonae — einkeimblätterige Pflanzen wie Palmen, Bambusgewächse usw., kurz als Einblattkeimer bezeichnet

Nadelhölzer — Gruppe der nacktsamigen Pflanzen *(Gymnospermae)*, zur Abteilung der Samenpflanzen *(Spermophyta)* und zum Kreis der Embryopflanzen *(Embryophytae)* gehörig

Nut — gehobelte oder gefräste Rinne zur Aufnahme der Feder (siehe dort) einer Leiste oder eines Brettes; *gerade Nut* — einfache Eckverbindung für kleine Kästen und Behälter, *schwalbenschwanzförmige Nut* — Holzverbindung für eingeschobene Leisten oder Böden von Regalen, Schränken und Platten der Tische und Reißbretter

Poren — offene Gefäße am Querschnitt des Holzes, Leitungsrohre der Laubhölzer für die Nährflüssigkeit, gut sichtbar bei Eiche, Ulme, Falscher Akazie, Esche und anderen

Porenring — Ring von Gefäßen (Poren), der im Frühjahr entsteht und sich bei vielen Holzarten deutlich am Querschnitt zeigt: ringporige Hölzer (s. d.)

Putzhobel — Hobel des Tischlers mit Hobeleisen und sogenannter Klappe, die ein rasches Brechen des Hobelspans bewirkt und somit einen feinen Span erzeugt

Quartierschnitt — Bezeichnung einiger Spiegelschnittarten der Praxis wie strenger, gewöhnlicher und Halbquartierschnitt

Quellen — Zunahme des Rauminhalts durch Feuchtigkeitsaufnahme

Querschnitt — oder Hirnschnitt: Schnittführung senkrecht zur Stammachse

Radialschnitt — siehe Spiegelschnitt

Rahmen und Füllung — Zerlegen des Holzes in kleine Konstruktionsteile, um das Arbeiten des Holzes herabzusetzen; die Rahmenteile können durch Schlitz und Zapfen verbunden werden, und die Füllung kann z. B. im Falz des Rahmens liegen.

Raumgewicht — Einheitsgewicht des Holzes mit seinen Zellhohlräumen; (Normenwort: Rohwichte), beträgt durchschnittlich 0,7, ein Mittelwert aller wichtigen Nutzhölzer, Abkürzung: r

Reaktionsholz s. Druckholz

Rechte Seite — konvexe Seite des Brettes oder der Bohle; ist nach der Mitte des Stammes gerichtet und nimmt beim Trocknen des Holzes die Wölbung an

Reifholzbäume — Bäume, bei denen sich Kern und Splint nur durch Härte, aber nicht in der Farbe unterscheiden (z. B. Fichte und Rotbuche)

Reinwichte — Wichte der reinen Holzmasse

Resonanz — Verstärken von Tönen, Übereinstimmung der Schwingungszahlen

Resonanzboden — Brett zur Verstärkung der Schallquelle, hat einen wesentlichen Einfluß auf die Klangfarbe eines Instruments

Riftboden — Fußboden aus radial geschnittenen Brettern

Riftschnitt — siehe Spiegelschnitt

Rinde — mantelförmige Grundgewebemasse, die den Stamm umkleidet und schützt

Ringporig — ringförmige Porenanordnung am Querschnitt von Eiche, Esche, Ulme u. a.

Risse — Trennung im Holzkörper als Entspannungserscheinung, die ungleichartige Holzschichten betrifft und sich an den anatomisch schwächeren Stellen bildet, wie an den Grenzlinien des Markstrahl- und Grundgewebes

Rohwichte — Raumgewicht, s. d.

Rotholz s. Druckholz

Sägefurnier — Furnier, von einer Horizontalgattersäge erzeugt und vor allem etwa 2 mm Dicke, für bessere Möbel

Schälfurnier — Furnier, durch Abschälen des Stammes hergestellt, für Furnier- und Tischlerplatten, auch für Möbel und Täfelungen

Schälschnitt — Schnittführung, die mit der Furnierschälmaschine entsteht und durch spiraliges Abschälen des Stammes zustande kommt, ruft eine besonders lebhafte Zeichnung hervor

Schwund — Verringerung des Rauminhaltes durch Feuchtigkeitsabgabe, wird in Prozenten ausgedrückt und ist bei den einzelnen Holzarten verschieden

Sehnenschnitt — siehe Fladerschnitt

Seitenbrett — Brett vom äußeren Teil des Stammes mit erheblichem Splintanteil und meist Astlosigkeit

Spalten — trennen des Holzes in der Faserrichtung, insbesondere durch die Markstrahlen, ein Mittel gegen das Arbeiten des Holzes

Spaltwaren — Erzeugnisse, die auf dem Spaltwege hergestellt werden; Beispiele: Resonanzholz für Geigen und Celli aus Fichte und Tanne; Holznägel aus Birke, Ahorn usw. für Fenster und Schuhmacherei; Zähne für Eggen und Rechen aus Sauerdorn, Ahorn und Stechpalme; Ruder aus Esche, Birke usw.; Radspeichen aus Esche, Ulme, Hickory usw.; Turngeräte aus Esche

Spannrückig — Ein- und Ausbuchtungen in der Längsrichtung des Stammes; Auswertung gering, von Natur aus veranlagt dazu: Weißbuche, Weißdorn, Eibe usw. Ursache: bei eng zusammenliegenden Markstrahlen sind keine Poren (Gefäße), so daß an dieser Stelle eine Einbuchtung ist

Spätholz — der harte, meist dunkle Teil des Jahresringes, der etwa vom Juni bis September entsteht und mit dem Frühholz den Jahresring darstellt

Sperrholz — Furnier- und Tischlerplatten, die auf Grund ihrer Konstruktion das Arbeiten des Holzes bedeutend herabsetzen oder unmöglich machen

Spezifisches Gewicht — Einheitsgewicht der Stoffe, beim Holz rund 1,5, d. h. das Einheitsgewicht der Holzmasse ohne Zellhohlräume (Normwort: Wichte)

Spiegel — Markstrahlenbänder in ihrer ganzen oder teilweisen Länge aufgeschnitten, wobei die Jahre senkrecht oder schräg überquert werden

Spiegelschnitt — Längsschnitt durch die Stammachse (Markröhre); Merkmale: parallele Jahre und Markstrahlbänder (Spiegel), der technisch wichtigste Schnitt

Spiralschnitt — Schälschnitt, s. d.

Splint — junger, außen nach der Rinde zu liegender Holzteil, der bei Kernholzbäumen heller und weicher als der innere, ältere Holzteil, bei Reifholzbäumen jedoch in der Farbe dem inneren gleich ist, bei Splintholzbäumen den gesamten Holzteil ausfüllt

Splintholz-Bäume — Bäume ohne Kern, nur mit Splint

Spundfutter — ein Hilfswerkzeug aus hartem Holz oder Metall für die Drehbank, um verschieden starke Arbeitsstücke einspannen zu können; Spundloch verläuft senkrecht zu den Spiegeln, um ein Spalten zu verhindern

Stäbchenplatte — Tischlerplatte mit Stäbchenmittellage, die sich aus senkrecht stehenden, etwa 7 mm dicken Schälfurnieren (Stäbchen) zusammensetzt

Stammende — unteres, dickeres Ende des Stammes

Tangentialschnitt — Fladerschnitt

Thyllen — oder Füllzellen werden bei manchen Laubhölzern wie Eiche, Falsche Akazie, Rüster (Ulme), Edelkastanie u. a. in den Poren (Gefäßen) angelegt, um das Hindurchgehen des Saftstromes zu unterbinden

Tischlerplatte — Sperrholz, Holztafel aus Blindholz (Einlage oder Mittellage) und Absperrfurnieren; Dicke: 13, 16, 19, 22, 25, 28, 32, 38 und 45 mm, Länge 152,5; 170; 183 cm und solche nach Schrankmaßen; Breite 350, 450, 470 und 510 cm; Beispiel: 25 x 220 x 120 = Dicke x Länge x Breite

Trockenheitsgrad — die Trockenheit des Holzes wird in Prozenten der Feuchtigkeit angegeben, lufttrockenes Holz hat rund 15%, waldtrockenes rund 25%, frisches rund 50% (wenn auch sehr oft bedeutend mehr), künstlich getrocknetes rund 10% und vollständig getrocknetes oder gedarrtes Holz 0% Feuchtigkeit.

Unterer Durchmesser — starker Durchmesser des Stammendes

Vertikalgattersäge — senkrecht arbeitende Gattersäge mit mehreren Sägeblättern (selten nur mit einem), die zugleich mehrere Bretter mit Bohlen erzeugen

Weiche Hölzer — alle Nadelhölzer mit Ausnahme von in größeren Höhen gewachsener Eibe, ferner Pitchpine und Zypresse, von den Laubhölzern Linde, Pappel, Erle, Roßkastanie und Weide

Weißholz s. Zugholz

Wichte s. spezifisches Gewicht

Widerspänig — oder streifig sind Mahagoni, Padouk, Zitronenholz, Pockholz, Bubinga, Afrik. Birnbaum (Makoré) u. a. Exoten. Durch winkelige Stellung der Holzfasern zueinander bleiben bei der Bearbeitung abwechselnd glatte und rauhe Streifen

Windschief — nach zwei Seiten krumm gewordenes oder geworfenes Brett; Ursache: Drehwüchsigkeit des Stammes

Zähigkeit — ist besondere Biegsamkeit, die sich durch ein Hin- und Herbiegen zeigt, z. B. Eschen- und Hickorysplint

Zerstreutporig — nahezu gleichmäßige Porenverteilung von ziemlich gleichgroßen Poren über die ganze Querschnittfläche, mit einer nur sehr zarten Porenansammlung an der Jahresringgrenze, die kaum oder nicht sichtbar wird

Zopf — oberes, schwächeres Ende des Stammes

Zopfdurchmesser — kleinerer Durchmesser des Stammes in Richtung des Zopfendes, des Gipfels

Zugholz — Weißholz tritt im Holz der Laubbäume (bes. Rotbuche, Pappel) auf, die starken Winden ausgesetzt waren und an Steilhängen standen. Der Baum bildet ein Zuggewebe auf der Windseite bzw. auf der Hangseite im Gegensatz zum Druckholz (s. d.).

Zuwachszonen — nur verschwommen erkennbarer Holzzuwachs bei den tropischen Holzgewächsen

V. Verzeichnis gebräuchlicher Holzarten

Deutsche und lateinische Bezeichnung, Familienzugehörigkeit (w = weich, h = hart)

Carl von Linné, schwedischer Naturforscher (1707—1778) gab den Pflanzen eine doppelnamige Bezeichnung: Gattung und Art.

1. Beispiel:

Sommereiche heißt lateinisch Quercus pedunculata, wobei Quercus die Gattung Eichen und pedunculata (blumenstielig, die Eicheln haben lange Stiele) die Art bezeichnet.
Alle Eichenhölzer sind also Quercus-Arten. Seideneiche, australische, hat nach Teil V die lateinische Bezeichnung Grevillea robusta. Sie ist also keine Quercus-Art, folglich auch keine Eiche. Der Handelsname Seideneiche weist in diesem Falle auf die sehr deutlichen Spiegel im Radialschnitt hin, die sonst für Eichen charakteristisch sind.

2. Beispiel:

Rotbuche hat die lateinische Bezeichnung Fagus silvatica, wobei Fagus die Gattung Buchen und silvatica (zu deutsch waldbewohnend) die Art bedeutet.
Alle Buchenhölzer sind also Fagus-Arten. Im Teil III (Beschreibung der Holzarten) heißt es: „Rotbuche hat mit Weißbuche nur den Namen der Buche gemeinsam, erstere gehört zu den Buchen-, letztere zu den Birkengewächsen". Weißbuche hat die lateinische Bezeichnung Carpinus betulus. Der Gattungsname Carpinus ist also ein anderer; folglich haben die beiden Rotbuche und Weißbuche nichts als die Bezeichnung Buche gemeinsam. Ihre Hölzer sind aber verschieden.

3. Beispiel:

In der dritten Spalte steht zu allen Holzarten die Pflanzenfamilie. So liest man bei Bergahorn die lateinische Bezeichnung Acer pseudoplatanus und die Familie Aceraceae. Die deutsche Bezeichnung hiefür ist im Teil VII, Verzeichnis der Familiennamen, zu finden. Sie heißt also für Aceraceae = Ahorngewächse.

Abachi *w*	*Triplochiton scleroxylon*	*Sterculiaceae*
Abura *h*	*Mitragyne macrophylla*	*Rubiaceae*
Acajou *h*	*Swietenia mahagoni*	*Meliaceae*
Afrik. Birnbaum *h*	*Mimusops djave*	*Sapotaceae*
Afrik. Buchsbaum *h*	*Buxus macowani*	*Buxaceae*
Afrik. Grenadille *h*	*Dalbergia melanoxylon*	*Papilionaceae*
Afrik. Mahagoni *h*	*Entandophragma-Arten u. a.*	*Meliaceae*
Afrik. Nußbaum *h*	*Lovoa klaineana*	*Meliaceae*
Afrik. Teak *h*	*Chlorophora excelsa*	*Moraceae*
Afrormosia *h*	*Afrormosia laxiflora u. a.*	*Papilionaceae*
Afzelia *h*	*Afzelia africana*	*Caesalpiniaceae*
Ahorn *h*	*Acer-Arten*	*Aceraceae*
Ahorn, Eschenblätteriger *h*	*Acer negundo*	*Aceraceae*
Ahorn, Gemeiner *h*	*Acer pseudoplatanus*	*Aceraceae*
Ahorn, Weißer *h*	*Acer pseudoplatanus*	*Aceraceae*
Akazie, Falsche *h*	*Robinia pseudacacia*	*Papilionaceae*
Alerze *w*	*Fitzroya patagonica*	*Cupressaceae*
Algarroba *h*	*Prosopis chilensis*	*Mimosaceae*
Amarant *h*	*Copaifera bracteata*	*Caesalpiniaceae*
Amboina *h*	*Carapa guianensis*	*Meliaceae*
Andiroba *h*	*Pterocarpus sp.*	*Papilionaceae*
Apfelbaum *h*	*Pirus malus*	*Rosaceae*
Apfelbaum, Wilder *h*	*Pirus malus*	*Rosaceae*
Apple *h*	*Pirus malus*	*Rosaceae*
Asp *w*	*Populus tremula*	*Salicaceae*
Aspe *w*	*Populus tremula*	*Salicaceae*
Atlaszeder *w*	*Cedrus atlantica*	*Abietaceae*
Australische Seideneiche *h*	*Grevillea robusta*	*Proteaceae*
Avodiré *h*	*Turraeanthus africana*	*Meliaceae*
Ayous *w*	*Triplochiton scleroxylon*	*Sterculiaceae*
Bahia-Rosenholz *h*	*Dalbergia-Art*	*Papilionaceae*
Balsa *w*	*Ochroma lagopus*	*Bombaceae*
Bambus *h*	*Bambusa-Arten*	*Gramineae*
Basralocus *h*	*Dicorynia paraensis*	*Caesalpiniaceae*
Basswood *w*	*Tilia parvifolia*	*Tiliaceae*
Bastulme *h*	*Ulmus effusa*	*Ulmaceae*
Beinholz *h*	*Lonicera xylosteum*	*Caprifoliaceae*
Bergahorn *h*	*Acer pseudoplatanus*	*Aceraceae*
Bergulme *h*	*Ulmus montana*	*Ulmaceae*
Bilinga *h*	*Sarcocephalus trillesii*	*Rubiaceae*
Birch *h*	*Betula verrucosa*	*Betulaceae*
Bird Cherry *h*	*Prunus avium*	*Rosaceae*
Birds-eyes Maple *h*	*Acer saccharinum*	*Aceraceae*
Birke, Kanadische *h*	*Betula lenta*	*Betulaceae*
Birke, Schwed. Birke, Schwed. Birkenmaser *h*	*Betula verrucosa*	*Betulaceae*
Birnbaum, Afrik. *h*	*Mimusops djave*	*Sapotaceae*
Birnbaum, Wilder Birnbaum *h*	*Pirus communis*	*Rosaceae*
Bitternuß *h*	*Carya-Arten*	*Juglandaceae*

Blackwood *h*	Pirus melanoxylon	Mimosaceae
Blauholz *h*	Haematoxylon campechianum	Caesalpiniaceae
Bleistiftholz *w*	Juniperus virginiana	Cupressaceae
Bleistiftzeder *w*	Juniperus virginiana	Cupressaceae
Bohnenbaum *h*	Laburnum vulgare	Papilionaceae
Bombay-Ebenholz *h*	Diospyros ebenum	Ebenaceae
Bongosi *h*	Lophira-Arten	Ochnaceae
Box *h*	Buxus sempervirens	Buxaceae
Brasil. Bulletrie *h*	Swartzia tomentosa	Caesalpiniaceae
Brasilkiefer *w*	Araucaria angustifolia	Pinaceae
Bruyère *h*	Erica arborescens	Ericaceae
Bubinga *h*	Didelotia africana	Caesalpiniaceae
Buche *h*	Fagus silvatica	Fagaceae
Buchsbaum, Abassia-B., Echter B., Türk. B.	Buxus sempervirens	Buxaceae
Buchsbaum, Westind. *h*	Aspidosperma vargasi	Apocynaceae
Buchsbaum, Afrikanischer *h*	Buxus macowani	Buxaceae
Bulletrie *h*	Mimosops balata	Sapotaceae
Campeche *h*	Haematoxylon campechianum	Caesalpiniaceae
Carolinapine *w*	Pinus mitis	Abietaceae
Cedar *w*	Juniperus-Arten u. a.	Cupressaceae u. a.
Ceder *w*	Cedrus-Arten	Abietaceae
Cedrela *h*	Cedrela odorata	Meliaceae
Cerikote *h*	Cereus giganteus	Cactaceae
Ceylon-Ebenholz *h*	Diospyros ebenum	Ebenaceae
Christusakazie *h*	Gleditschia triacanthos	Caesalpiniaceae
Christusdorn *h*	Gleditschia triacanthos	Caesalpiniaceae
Cocobolo *h*	Lecythis costaricensis	Lecythidaceae
Common Alder *w*	Alnus glutinosa	Betulaceae
Common Ash *h*	Fraxinus excelsior	Oleaceae
Common Beech *h*	Fagus silvatica	Fagaceae
Common Elm *h*	Ulmus campestris	Ulmaceae
Common Hornbeam *h*	Carpinus betulus	Betulaceae
Common Larch *w*	Larix europaea	Abietaceae
Common Silver Fir *w*	Abies pectinata	Abietaceae
Common Spruce *w*	Picea excelsa	Abietaceae
Common Yew *w*	Taxus baccata	Taxaceae
Dattelpalme *w h*	Phoenix dactylifera	Palmae
Dibétou *h*	Lovoa klaineana	Meliaceae
Djati *h*	Tectona grandis	Verbenaceae
Domingo Pockholz *h*	Guajacum-Arten	Zygophyllaceae
Douglasfichte *w* Douglastanne, Douglasie	Pseudotsuga douglasi	Abietaceae
Doussié *h*	Afzelia africana	Caesalpiniaceae
Ebenholz, Echtes E. *h*	Diospyros-Arten	Ebenaceae
Eberesche *h*	Sorbus aucuparia	Rosaceae
Echtes Pitchpine *h*	Pinus palustris	Abietaceae

Edelkastanie *h*	*Castanea vesca*	Fagaceae
Edeltanne *w*	*Abies-Arten*	Abietaceae
Eibe *w* bis *h*	*Taxus baccata*	Taxaceae
Eiche *h*	*Quercus-Arten*	Fagaceae
Eiche, Bosnische, Slawonische *h*	*Quercus pedunculata*	Fagaceae
Eiche, Indische *h*	*Tectona grandis*	Verbenaceae
Elsbeerbaum *h*	*Sorbus torminalis*	Rosaceae
Epfog *w*	*Pterygota macrocarpa*	Sterculiaceae
Erle *w*	*Alnus-Arten*	Betulaceae
Esche *h*	*Fraxinus excelsior*	Oleaceae
Espe *w*	*Populus tremula*	Salicaceae
Eukalyptus *h*	*Eucalyptus-Arten*	Myrtaceae
Färbermaulbeerbaum *h*	*Morus tinctoria*	Maraceae
Faulbaum *h*	*Rhamnus frangula*	Rhamnaceae
Feldahorn *h*	*Acer campestre*	Aceraceae
Feldulme *h*	*Ulmus campestris*	Ulmaceae
Fernambuk *h*	*Caesalpinia echinata*	Caesalpiniaceae
Fichte *w*	*Picea excelsa*	Abietaceae
Fisettholz *h*	*Rhus cotinus*	Anacardiaceae
Flatterulme *h*	*Ulmus effusa*	Ulmaceae
Flieder *h*	*Syringa vulgaris*	Oleaceae
Floridazeder *w*	*Juniperus bermudiana*	Cupressaceae
Föhre *w*	*Pinus silvestris*	Abietaceae
Franzosenholz *h*	*Guajacum-Arten*	Zygophyllaceae
Gabun, G.-Mahagoni, G.-Okumé *w*	*Aucoumea klaineana*	Burseraceae
Gleditschie *h*	*Gleditschia triacanthos*	Caesalpiniaceae
Golden Chain *h*	*Laburnum vulgare*	Papilionaceae
Goldregen *h*	*Cytisus laburnum*	Papilionaceae
Götterbaum *h*	*Ailanthus glandulosa*	Simarubaceae
Grauerle *w*	*Alnus incana*	Betulaceae
Greenheart *h*	*Nectandra rodioei*	Lauraceae
Grenadille, Afrik. *h*	*Dalbergia melanoxylon*	Papilionaceae
Guajacan *h*	*Guajacum-Arten*	Zygophyllaceae
Guajakholz *h*	*Guajacum-Arten*	Zygophyllaceae
Haarbirke *h*	*Betula pubescens*	Betulaceae
Hainbuche *h*	*Carpinus betulus*	Betulaceae
Hard Maple *h*	*Acer saccharinum*	Aceraceae
Hartriegel *h*	*Cornus sanguinea*	Cornaceae
Haselnuß *h*	*Corylus avellana*	Betulaceae
Heckenkirsche *h*	*Lonicera xylosteum*	Caprifoliaceae
Herlitze *h*	*Cornus mas*	Cornaceae
Hickory Nut, Weiße *h*	*Carya-Arten*	Juglandaceae
Himalajazeder *w*	*Cedrus deodara*	Abietaceae
Holunder *h*	*Sambucus nigra*	Caprifoliaceae
Holunder, Spanischer *h*	*Syringa vulgaris*	Oleaceae

8

113

Holzapfelbaum *h*	*Pirus malus*	Rosaceae
Honey-Locust *h*	*Gleditschia triacanthos*	Caesalpiniaceae
Hornbeam *h*	*Carpinus betulus*	Betulaceae
Horse Chestnut *w*	*Aesculus hippocastanum*	Hippocastanaceae
Ibe *w* bis *h*	*Taxus baccata*	Taxaceae
Ilomba *w*	*Pycnanthus kombo*	Myristicaceae
Incense-Cedar *w*	*Libocedrus decurrens*	Cupressaceae
Iroko *h*	*Chlorophora excelsa*	Moraceae
Jacaranda *h*	*Dalbergia-, Jacaranda-,*	Papilionaceae
	Machaerium-, Platypodium-	
	und Terminalia Arten	
Jarrah *h*	*Eucalyptus marginata*	Myrtaceae
Java-Teak *h*	*Tectona grandis*	Verbenaceae
Jequitiba *h*	*Cariniana excelsa*	Lecythidaceae
Kalifornische Fichte *w*	*Picea sitchensis*	Abietaceae
Kambala *h*	*Chlorophora excelsa*	Moraceae
Kamerun, Ebenholz *h*	*Diospyros dendo*	Ebenaceae
Kampferbaumholz *h*	*Cinnamomum camphora*	Lauraceae
Karri *h*	*Eucalyptus diversicolor*	Myrtaceae
Kastanie *h+w*	*Castanea vesca und*	Fagaceae und
	Aesculus hippocastanum	Hippocastanaceae
Kasuarinahölzer *h*	*Casuarina-Arten*	Casuarinaceae
Kaukasischer Nußbaum *h*	*Pterocarya caucasica*	Juglandaceae
Kaurifichte *w*	*Agathis australis*	Pinaceae
Kegelkugelholz *h*	*Guajacum-Arten*	Zygophyllaceae
Kiefer, Gemeine *w*	*Pinus silvestris*	Abietaceae
Kiri *w*	*Paulownia imperialis*	Scrophulariaceae
Kirschbaum *h*	*Prunus avium*	Rosaceae
Knochenholz *h*	*Lonicera xylosteum*	Caprifoliaceae
Kohleiche *h*	*Quercus sessiliflora*	Fagaceae
Kokusholz *h*	*Brya ebenus*	Papilionaceae
Königsholz *h*	*Dalbergia greveana*	Papilionaceae
Korkeiche *h*	*Quercus suber*	Fagaceae
Kornelkirsche *h*	*Cornus mas*	Cornaceae
Kreuzdorn *h*	*Rhamnus cathartica*	Rhamnaceae
Lärche *w*	*Larix europaea*	Abietaceae
Laurel *h*	*Laurelia sempervirens*	Myristicaceae
Leinbaum *h*	*Acer platanoides*	Aceraceae
Lenne *h*	*Acer platanoides*	Aceraceae
Libreville-Mahagoni *w*	*Aucoumea klaineana*	Burseraceae
Lilac Wood *h*	*Syringa vulgaris*	Oleaceae
Limba *h*	*Terminalia superba*	Combretaceae
Limbo Blanc *h*	*Terminalia superba*	Combretaceae
Limbo Noir *h*	*Terminalia superba*	Combretaceae
Linde *w*	*Tilia-Arten*	Tiliaceae
Longleafpine *h*	*Pinus palustris*	Abietaceae

Lorbeerbaum *h*	*Laurus nobilis*	*Lauraceae*
Lovoa *h*	*Lavoa klaineana*	*Meliaceae*
Mahagoni *h*	*Swietenia mahagoni*	*Meliaceae*
Mahagoni Afrik. *h*	*Entandophragma-Arten u. a.*	*Meliaceae*
Mahagoni, Gelbes *h*	*Terminalia superba*	*Combretaceae*
Mahogany *h*	*Swietenia mahagoni*	*Meliaceae*
Maidou *h*	*Pterocarpus pedatus*	*Papilionaceae*
Maienbirke *h*	*Betula verrucosa*	*Betulaceae*
Makassar-Ebenholz *h*	*Maba ebenus*	*Ebenaceae*
Makoré *h*	*Mimusops djave*	*Sapotaceae*
Mammutbaum *w*	*Sequoia-Arten*	*Taxodiaceae*
Manila Padouk *h*	*Pterocarpus indicus*	*Papilionaceae*
Maniu *w*	*Saxegothea conspicua*	*Podocarpaceae*
Mansonia *h*	*Mansonia altissima*	*Sterculiaceae*
Maple *h*	*Acer-Arten*	*Aceraceae*
Maracaibo-Pockholz *h*	*Bulnesia-Arten*	*Zygophyllaceae*
Massaranduba *h*	*Mimusops elata*	*Sapotaceae*
Maßholder *h*	*Acer campestre*	*Aceraceae*
Maulbeerbaum *h*	*Morus-Arten*	*Moraceae*
Mehlbeerbaum *h*	*Sorbus aria*	*Rosaceae*
Meranti *h*	*Shorea sp.*	*Dipteracorpaceae*
Moorbirke *h*	*Betula pubescens*	*Betulaceae*
Moulmein-Teak *h*	*Tectona grandis*	*Verbenaceae*
Mowingui *h*	*Distemonantus benthamianus*	*Caesalpiniaceae*
Mukonja Weiß *h*	*Terminalia superba*	*Combretaceae*
N'Gollon *h*	*Khaya ivorensis*	*Meliaceae*
Niangon *h*	*Tarrietia utilis*	*Sterculiaceae*
Nicaragua-Cocobolo *h*	*Lecythis costaricensis*	*Lecythidaceae*
Njabi *h*	*Mimusops djave*	*Sapotaceae*
Noyer du Gabon *h*	*Terminalia superba*	*Combretaceae*
Noyer du Mayombe *h*	*Terminalia superba*	*Combretaceae*
Nußbaum *h*	*Juglans regia*	*Juglandaceae*
Nußbaum, Afrik. *h*	*Lovoa klaineana*	*Meliaceae*
Nußbaum, Amerik. *h*	*Juglans nigra*	*Juglandaceae*
Oak *h*	*Quercus-Arten*	*Fagaceae*
Okumé *w*	*Aucoumea klaineana*	*Burseraceae*
Okoumé-Mahagoni *w*	*Aucoumea klaineana*	*Burseraceae*
Olive, Französische O. *h*	*Olea europaea*	*Oleaceae*
Oregonpine *w*	*Pseudotsuga douglasi*	*Abietaceae*
Ostindisches Jacaranda *h*	*Dalbergia latifolia*	*Papilionaceae*
Ostindischer Palisander *h*	*Dalbergia latifolia*	*Papilionaceae*
Padouk *h*	*Pterocarpus soyauxi*	*Papilionaceae*
Palisander *h*	*Dalbergia-, Jacaranda-, Machaerium-, Platypodium- und Terminalia-Arten*	*Papilionaceae*
Pappel *w*	*Populus-Arten*	*Salicaceae*

Pappel, Amerik. *w*	*Liriodendron tulipifera*	*Magnoliaceae*
Pappel, Italienische *w*	*Populus nigra var. pyramidalis*	*Salicaceae*
Pappel, Kanadische *w*	*Populus canadensis*	*Salicaceae*
Partridge *h*	*Andira inermis*	*Papilionaceae*
Pechkiefer *h*	*Pinus palustris u. rigida*	*Abietaceae*
Pekan Hickory *h*	*Carya-Arten*	*Juglandaceae*
Pfaffenhütchen *h*	*Evonymus europaea*	*Celastraceae*
Pfefferrohr, Braunes *h*	*Phyllostachys bamusoides*	*Graminaceae*
Pferdefleischholz *h*	*Swartzia tomentosa*	*Papilionaceae*
Pflaumenbaum *h*	*Prunus domestica*	*Rosaceae*
Pitchpine der Europäer *h*	*Pinus palustris*	*Abietaceae*
Pitchpine der Amerikan. *w h*	*Pinus rigida*	*Abietaceae*
Platane *h*	*Platanus occidentalis u. or.*	*Platanaceae*
Platane, Amerik. *h*	*Platanus occidentalis*	*Platanaceae*
Plum *h*	*Prunus domestica*	*Rosaceae*
Pockholz *h*	*Guajacum officinale und sanctum u. Bulnesia arborea u. a.*	*Zygophyllaceae*
Possentrie *w*	*Hura-Arten*	*Euphorbiaceae*
Primavera *h*	*Tabebuia donnell-smithii*	*Bignoniaceae*
Pterygota *w*	*Pterygota-Arten*	*Sterculiaceae*
Pyramidenpappel *w*	*Populus nigra var. pyramidalis*	*Salicaceae*
Quaruba *h*	*Vochysia guatemalensis*	*Vochysiaceae*
Quebracho *h*	*Schinopsis lorentzi*	*Anacardiaceae*
Ramin *h*	*Gonystylus warburgianus*	*Gonystylaceae*
Rangoon-Teak *h*	*Tectona grandis*	*Verbenaceae*
Rauli *h*	*Nothofagus procera*	*Fagaceae*
Red Fir *w*	*Pinus silv. u. Pseudotsuga d.*	*Abietaceae*
Red Juniper *w*	*Juniperus virginiana*	*Cupressaceae*
Red Locust *h*	*Robinia pseudacacia*	*Papilionaceae*
Redwood *w*	*Sequoia-Arten*	*Taxodiaceae*
Riesenmammutbaum *h*	*Sequoia gigantea*	*Taxodiaceae*
Rio-Palisander *h*	*Dalbergia nigra*	*Papilionaceae*
Robinie *h*	*Robinia pseudacacia*	*Papilionaceae*
Robinie, Borstige *h*	*Robinia hispida*	*Papilionaceae*
Robinie, Klebrige *h*	*Robinia viscosa*	*Papilionaceae*
Rosenholz, Brasilian., Echtes *h*	*Physocalymna scaberrimum*	*Lythraceae*
Roßkastanie *w*	*Aesculus hippocastanum*	*Hippocastanaceae*
Rotbuche *h*	*Fagus silvatica*	*Fagaceae*
Roterle *w*	*Alnus glutinosa*	*Betulaceae*
Rotholz, Kalifornisches *w*	*Sequoia-Arten*	*Taxodiaceae*
Rotrüster *h*	*Ulmus campestris*	*Ulmaceae*
Rottanne *w*	*Picea excelsa*	*Abietaceae*
Rotulme *h*	*Ulmus campestris*	*Ulmaceae*
Rüster = Ulme *h*	*Ulmus-Arten*	*Ulmaceae*

Samba *w*	*Triplochiton scleroxylon*	*Sterculiaceae*
Sandarakzypresse, Echte *h*	*Callitris quadrivalvis*	*Cupressaceae*
Sapeli-Mahagoni *h*	*Entandophragma-Arten*	*Meliaceae*
Satinholz, Ostindisches *h*	*Cloroxylon swietenia*	*Rutaceae*
Satinholz, Westindisches *h*	*Fagara flava*	*Rutaceae*
Satinholz, Westafrik. *h*	*Triplochiton scleroxylon*	*Sterculiaceae*
Satinnußbaum *h*	*Liquidambar styraciflua*	*Hamamelidaceae*
Sauerdorn *h*	*Berberis vulgaris*	*Berberidaceae*
Schirmbaumholz *w*	*Musanga smithii*	*Moraceae*
Schlangenholz *h*	*Brosimum aubleti*	*Moraceae*
Schneeballholz *h*	*Viburnum opulus*	*Caprifoliaceae*
Schotendorn *h*	*Robinia pseudacacia*	*Papilionaceae*
Schwarzerle *w*	*Alnus glutinosa*	*Betulaceae*
Schwarzpappel *w*	*Populus nigra*	*Salicaceae*
Schweinshickory *h*	*Carya-Arten*	*Juglandaceae*
Seideneiche, Austral. *h*	*Grevillea robusta*	*Proteaceae*
Sen *h*	*Acanthopanax ricinifolium*	*Araliaceae*
Sequoie *w*	*Sequoia sempervirens und gigantea*	*Taxodiaceae*
Silberahorn, Nordam., *h*	*Acer dasycarpum*	*Aceraceae*
Silberpappel *w*	*Populus alba*	*Salicaceae*
Silberweide *w*	*Salix alba*	*Salicaceae*
Silky-oak *h*	*Grevillea robusta*	*Proteaceae*
Sipo *h*	*Entandophragma utile*	*Meliaceae*
Sitkafichte *w*	*Picea sitchensis*	*Abietaceae*
Sommereiche *h*	*Quercus pedunculata = robur*	*Fagaceae*
Sommerlinde *w*	*Tilia grandifolia*	*Tiliaceae*
Spanisches Rohr *h*	*Calamus-Arten*	*Graminaceae*
Spessarteiche *h*	*Quercus sessiliflora*	*Fagaceae*
Spitzahorn *h*	*Acer platanoides*	*Aceraceae*
Spottnuß *h*	*Carya-Arten*	*Juglandaceae*
Spruce *w*	*Picea sitchensis*	*Abietaceae*
Stechpalme *h*	*Ilex aquifolium*	*Aquifoliaceae*
Steinbuche *h*	*Ostrya carpinifolia*	*Betulaceae*
Steineiche *h*	*Quercus sessiliflora*	*Fagaceae*
Steineiche, Echte *h*	*Quercus ilex*	*Fagaceae*
Stieleiche *h*	*Quercus pedunculata*	*Fagaceae*
Tabasko-Mahagoni *h*	*Swietenia macrophylla*	*Meliaceae*
Tamo *h*	*Fraxinus sieboldiana* u. a.	*Oleaceae*
Tanda *h*	*Rizophora mangle*	*Rhizophoraceae*
Tanne *w*	*Abies pectinata*	*Abietaceae*
Teak *h*	*Tectona grandis*	*Verbenaceae*
Teak, Afrik. *h*	*Chlorophora excelsa*	*Moraceae*
Thujamaser *h*	*Callitris quadrivalis*	*Cupressaceae*
Tiama *h*	*Entandophragma-Arten*	*Meliaceae*
Tiek *h*	*Tectona grandis*	*Verbenaceae*
Tola Branca *h*	*Gossweilerodendron balsamiferum*	*Caesalpiniaceae*

Traubenkirsche *h*	*Prunus padus*	*Rosaceae*
Triesterholz *h*	*Celtis australis*	*Ulmaceae*
Tulpenbaum *w*	*Liriodendron tulipifera*	*Magnoliaceae*
Ulme = Rüster *h*	*Ulmus-Arten*	*Ulmaceae*
Utile *h*	*Entandophragma utile*	*Meliaceae*
Veilchenholz *h*	*Acacia homalophylla*	*Mimosaceae*
Virola *w*	*Virola merendonis*	*Myristicaceae*
Vogelaugenahorn *h*	*Acer saccharinum*	*Aceraceae*
Vogelbeerbaum *h*	*Sorbus aucuparia*	*Rosaceae*
Vogelkirsche *h*	*Prunus avium*	*Rosaceae*
Wacholder, Roter,		
Virginischer *w*	*Juniperus virginiana*	*Cupressaceae*
Walnußbaum *h*	*Juglans regia*	*Juglandaceae*
Walnut *h*	*Juglans regia*	*Juglandaceae*
Water Beech *h*	*Platanus occidentalis*	*Platanaceae*
Water Hickory *h*	*Carya-Arten*	*Juglandaceae*
Wawa *w*	*Triplochiton scleroxylon*	*Sterculiaceae*
Weide *w*	*Salix-Arten*	*Salicaceae*
Weißbirke *h*	*Betula verrucosa*	*Betulaceae*
Weißbuche *h*	*Carpinus betulus*	*Betulaceae*
Weißdorn *h*	*Crataegus-Arten*	*Rosaceae*
Weißerle *w*	*Alnus incana*	*Betulaceae*
Weißpappel *w*	*Populus alba*	*Salicaceae*
Weißrüster *h*	*Ulmus effusa u. montana*	*Ulmaceae*
Weißtanne *w*	*Abies pectinata*	*Abietaceae*
Weißulme *h*	*Ulmus effusa u. montana*	*Ulmaceae*
Weymouthskiefer *w*	*Pinus strobus*	*Abietaceae*
Whitewood *w*	*Liriodendron tulipifera*	*Magnoliaceae*
Whitewood, Nigerian *w*	*Triplochiton scleroxylon*	*Sterculiaceae*
Wildkirsche *h*	*Prunus avium*	*Rosaceae*
Willow *w*	*Salix-Arten*	*Salicaceae*
Wintereiche *h*	*Quercus sessiliflora*	*Fagaceae*
	= *sessilis*	
Winterlinde *w*	*Tilia parvifolia*	*Tiliaceae*
Yellow Fir *w*	*Pseudotsuga douglasi*	*Abietaceae*
Yang *h*	*Dipterocarpus alatus*	*Dipterocarpaceae*
Zebraholz, Brasilian. *h*	*Cynometra-Art oder*	*Caesalpiniaceae*
	Microberlinia-Art oder	
	Brachystegia-Art	
Zebraholz, Echtes *h*	*Cynometra-Art oder*	*Caesalpiniaceae*
	Microberlinia-Art oder	
	Brachystegia-Art	
Zebrano *h*	*Cynometra-Art oder*	*Caesalpiniaceae*
	Microberlinia-Art oder	
	Brachystegia-Art	

Zeder, Echte *w*	*Cedrus-Arten*	*Abietaceae*
Zedernholz, Rotes *w*	*Juniperus virginiana*	*Cupressaceae*
Zerreiche *h*	*Quercus cerris*	*Fagaceae*
Zingana	*Cynometra-Art oder Microberlinia-Art oder Brachystegia-Art*	*Caesalpiniaceae*
Zirbelkiefer *w*	*Pinus cembra*	*Abietaceae*
Zitronenholz, Westind. *h*	*Fagara flava*	*Rutaceae*
Zitterpappel *w*	*Populus tremula*	*Salicaceae*
Zuckerahorn *h*	*Acer saccharinum*	*Aceraceae*
Zürgelbaumholz *h*	*Celtis australis*	*Ulmaceae*
Zwetschge *h*	*Prunus domestica*	*Rosaceae*
Zypresse *h*	*Cupressus sempervirens*	*Cupressaceae*

VI. Lateinische und deutsche Bezeichnungen
Herkunftsland

Abies pectinata	Tanne	Europa
Acacia homalophylla	Veilchenholz	Australien
Acacia melanoxylon	Blackwood	Australien
Acanthopanax ricinifolium	Sen	Japan
Acer campestre	Feldahorn	Europa
Acer dasycarpum	Nordam. Silberahorn	Amerika
Acer negundo	Eschenblättr. Ahorn	N.-Amerika
Acer platanoides	Spitzahorn	Deutschland
Acer saccharinum	Zuckerahorn	N.-Amerika
Aesculus hippocastanum	Roßkastanie	Europa
Afrormosia laxiflora u. a.	Afrormosia w. trop.	Afrika
Agathis australis	Kaurifichte	Australien
Ailanthus glandulosa	Götterbaum	China
Alnus glutinosa	Roterle	Europa
Alnus incana	Weißerle	Europa
Andira inermis	Partridge	Venezuela
Aucoumea klaineana	Gabun	Gaboon
Berberis vulgaris	Sauerdorn	Europa
Betula lenta	Kanadische Birke	N.-Amerika
Betula verrucosa	Birke	Europa
Brosimum aubleti	Schlangenholz	Guayana
Brya ebenus	Kokusholz	Jamaika-Stube
Bulnesia arborea	Maracaibo-Pockholz	Westindien, N.-Südamerika
Buxus macowani	Afrik. Buchsbaum	Südafrika
Buxus sempervirens	Buchsbaum	{ S.-Europa, W.-Asien, N.-Afrika
Caesalpinia echinata	Fernambukholz	O.-Brasilien
Calamus-Arten	Spanisches Rohr	{ Hinterindien, Borneo, Sumatra
Callitris quadrivalvis	Thujamaser, Echte Sandarakzypresse	Norafrika
Carapa guianensis	Andiroba	Brasilien
Cariniana excelsa	Jequitiba	Brasilien
Carpinus betulus	Weißbuche	Europa
Carya alba	Hickory	USA
Castanea vesca	Edelkastanie	Europa, N.-Afrika
Casuarina-Arten	Kasuarinahölzer	{ Australien und Polynesien
Cedrela odorata	Cedrela	{ Antillen, Surinam, W.-Indien
Cedrus atlantica	Atlaszeder	Atlas, Afrika
Cedrus deodara	Himalajazeder	nordw. Himalaja
Cedrus libani	Libanonzeder	Libanon

Celtis australis	Zürgelbaum	Mittelmeergebiet S.-Tirol
Cereus giganteus	Cerikote	Mexiko
Chlorophora excelsa	Afrik. Teak	West-Ostafrika
Chloroxylon swietenia	Satinholz, Ostind.	O.-Indien, Ceylon
Cinnamomum camphora	Kampferbaum	Ostasien
Copaifera bracteata	Amarant	Guayana
Cornus mas	Kornelkirsche	Mittel- u. Osteuropa
Corylus avellana	Haselnuß	Europa
Cupressus sempervirens	Zypresse	Italien
Dalbergia latifolia	Ostind. Palisander	O.-Indien
Dalbergia melanoxylon	Afrik. Grenadille	trop. Afrika
Dalbergia nigra	Rio-Palisander	O.-Brasilien
Dicorynia paraensis	Basralocus	Amazonas
Didelotia africana	Bubinga	Kamerun, Gaboon
Dipterocarpus alatus	Yang	Siam
Distemonanthus benthamianus	Mowingui	Kamerun, Gaboon
Entandophragma-Arten	Sapeli-Mahagoni	Mittelamerika
Erica arborescens	Bruyère	Mittelmeergebiet
Eucalyptus diversicolor	Karri	W.-Australien
Eucalyptus marginata	Jarrah	W.-Australien
Evonymus europaea	Pfaffenhütchen	Europa
Fagara flava	Zitronenholz, Westindisches Satinholz	W.-Indien
Fagus silvatica	Rotbuche	Europa
Fitzroya patagonica	Alerze	Chile
Fraxinus excelsior	Esche	Europa
Fraxinus sieboldiana	Tamo	Japan
Gleditschia triacanthos	Christusdorn	O.-Asien
Gonystylus warburgianus	Ramin	Borneo
Gossweilerodendron balsamiferum	Tola Branca	Mittelafrika
Grevillea robusta	Austral. Seideneiche	Australien
Guajacum officinale und sanctum	Pockholz	{ W.-Indien { nördl. Südamerika
Haematoxylon campechianum	Blauholz	trop. Amerika
Ilex aquifolium	Stechpalme	W.- und S.-Europa
Jacaranda brasiliana	Bras. Jacaranda	Brasilien
Jacaranda mimosaefolia	Jacaranda	trop. Südamerika
Juglans nigra	Amerik. Nußbaum	USA
Juglans regia	Nußbaum	{ Mittel- und S.-Amerika, { Kaukasus

Junipers bermudiana	Floridazeder	USA
Junipers virginiana	Bleistiftzeder	östl. N.-Amerika
K*haya ivorensis*	N'Gollon	Trop. Westafrika
L*aburnum vulgare*	Goldregen	Europa
Larix europaea	Lärche	Europa
Laurelia sempervirens	Laurel	Chile
Laurus nobilis	Lorbeerbaum	Kanar. Inseln
Lecythis costaricensis	Cocobolo	Costa-Rica
Libocedrus decurrens	Incense-Cedar	USA
Liquidambar styraciflua	Satinnußbaum	Östl. USA
Liriodendron tulipifera	Whitewood	östl. N.-Amerika
Lophira procera und alata	Bongosi	W.-Afrika
Lovoa klaineana	Afrik. Nußbaum	Trop. Afrika
M*aba ebenus*	Makassar-Ebenholz	Philippinen
Machaerium scleroxylon	Cayenne-Palisander, Jacaranda	Brasilien
Machaerium villosum	Jacaranda	Brasilien
Mansonia altissima	Mansonia	Westafrika
Microberlinia brazzavillensis	Zebrano	Mittelafrika
Mimusops balata	Bulletrie	Guayana, Antillen
Mimusops djave	Afrik. Birnbaum	W.-Afrika
Mitragyne macrophylla	Abura	Westafrika
Morus tinctoria	Färbermaulbeerbaum	⎰Westindien, Mexiko, ⎱Brasalien
Musanga smithii	Schirmbaum	Trop. Westafrika
N*ectandra rodioei*	Greenheart	⎰Guayana, ⎱nörd. Südamerika
Nothofagus procera	Rauli	Chile
O*chroma lagopus*	Balsa	S.-Amerika
Olea europaea	Olive	S.-Europa
Ostrya carpinifolia	Steinbuche	S.-Europa, Kleinasien
P*aulownia imperialis*	Kiri	Japan
Phoenix dactylifera	Dattelpalme	Tropen
Phyllostachys bambusoides	Braunes Pfefferrohr	Himalaja
Physocalymna scaberrimum	Echtes Rosenholz	Brasilien
Picea excelsa	Fichte	Europa
Picea sitchensis	Kalifornische Fichte	west. N.-Amerika
Pinus cembra	Zirbelkiefer	Europa
Pinus mitis	Carolinapine	südl. USA
Pinus palustris	Pitchpine d. Europäer	N.-Amerika
Pinus resinova	Amerik. Rotkiefer	USA und Kanada
Pinus silvestris	Kiefer	Europa
Pinus strobus	Weymouthskiefer	N.-Amerika
Pirus communis	Birnbaum	Europa

Pirus malus	Apfelbaum	Europa
Platanus occidentalis	Platane, Abendl.	{ südöstl. Kanada, S.-Europa
Platanus orientalis	Platane, Morgenl.	Kleinasien, Himalaja
Platypodium elegans	Jacaranda branco	Brasilien
Populus alba	Silberpappel	Europa
Populus canadensis	Kanadische Pappel	USA
Populus nigra	Schwarzpappel	Europa
Populus tremula	Zitterpappel	Europa
Prosopis chilensis	Algarroba	Honduras
Prunus avium	Kirschbaum	Europa
Prunus domestica	Pflaumenbaum	Europa, Persien
Prunus padus	Traubenkirsche	Europa
Pseudotsuga douglasi	Oregonpine, Douglasie	USA
Pterocarpus indicus	Manila Padouk	Philippinen
Pterygota macrocarpa	Epfog	Elfenbeinküste
Pterocarpus macrocarpa	Padouk	O.-Indien
Pycnanthus kombo	Ilomba	Westafrika
Quercus cerris	Zerreiche	S.-Europa
Quercus ilex	Echte Steineiche	Mittelmeergebirge
Quercus pedunculata	Sommereiche	Europa
Quercus sessiliflora	Wintereiche	Europa
Rhamnus frangula	Faulbaum	Europa
Rhizophora mangle	Tanda	{ Trop. Amerika, Westafrika
Rhus cotinus	Fisettholz	S.-Europa
Robinia pseudacacia	Falsche Akazie, Robinie	N.-Amerika
Sambucus nigra	Holunder	Europa
Sarcocephalus trillesii	Bilinga	Kongo
Schinopsis lorentzi	Quebracho	S.-Amerika
Sequoia sempervirens und gigantea	Mammutbaum	Westl. USA
Shorea sp.	Meranti	Malaya
Sorbus aucuparia	Vogelbeerbaum	Europa
Swartzia tomentosa	Pferdefleischholz	Guayana
Swietenia mahagoni	Echtes Mahagoni	W.-Indien
Tabebuia donnell-smithii	Primavera	Zentralamerika
Tarrietia utilis	Niangon	Westafrika
Taxus baccata	Eibe	{ Europa, W.-Asien, N.-Afrika
Tectona grandis	Teak	{ Trop. Asien, O.-Indien, Burma
Terminalia januarensis	Jacaranda capitao	Brasilien
Terminalia superba	Limba	Belg. Kongo, Kamerun
Tilia grandifolia	Großblättrige Linde	Europa
Tilia parvifolia	Kleinblättrige Linde	Europa

Triplochiton scleroxylon	Abachi	W.-Afrika
Turraeanthus africana	Avodiré	Elfenbeinküste
U*lmus campestris*	Rotulme	Europa
Ulmus effusa	Flatterulme	Mitteleuropa
Ulmus montana	Bergulme	Europa
V*iburnum opulus*	Schneeball	Nördl. Hemisphäre
Virola merendonis	Virola	Mittelamerika
Vochysia guatemalensis	Quaruba	N.-Brasilien

VII. Verzeichnis der Familiennamen

Abietaceae	Tannengewächse
Aceraceae	Ahorngewächse
Anacardiaceae	Sumachgewächse
Apocynaceae	Hundsgiftgewächse
Aquifoliaceae	Stechpalmengewächse
Araliaceae	Efeugewächse
Berberidaceae	Sauerdorngewächse
Betulaceae	Birkengewächse
Bignoniaceae	Trompetengewächse
Bombaceae	Wollbaumgewächse
Burseraceae	Balsambaumgewächse
Buxaceae	Buchsbaumgewächse
Cactaceae	Kaktusgewächse
Caesalpiniaceae	Caesalpiniengewächse
Caprifoliaceae	Geißblattgewächse
Casuarinaceae	Kasuarinengewächse
Celastraceae	Spindelbaumgewächse
Combretaceae	Combretumgewächse
Cornaceae	Kornelkirschengewächse
Cupressaceae	Zypressengewächse
Dipterocarpaceae	Flügelfruchtgewächse
Ebenaceae	Ebenholzgewächse
Ericaceae	Heidegewächse
Fagaceae	Buchengewächse
Gonystylaceae	Kniegriffelgewächse
Graminaceae	Grasgewächse
Hamamelidaceae	Zaubernußgewächse
Hippocastanaceae	Roßkastaniengewächse
Juglandaceae	Walnußgewächse
Lauraceae	Lorbeergewächse
Lecythidaceae	Topffruchtbaumgewächse
Lythraceae	Weiderichgewächse
Magnoliaceae	Magnoliengewächse
Meliaceae	Zedrachgewächse
Mimosaceae	Mimosengewächse
Moraceae	Maulbeergewächse
Myristicaceae	Muskatnußgewächse
Myrtaceae	Myrtengewächse
Ochnaceae	Nagebeergewächse
Oleaceae	Ölbaumgewächse
Palmae	Palmen
Papilionaceae	Schmetterlingsblütler
Pinaceae	Kiefernartige Gewächse
Platanaceae	Platanengewächse
Proteaceae	Proteusgewächse
Rhamnaceae	Kreuzdorngewächse
Rhizophoraceae	Manglebaumgewächse
Rosaceae	Rosengewächse

Rubiaceae	Krappgewächse
Rutaceae	Rautengewächse
Salicaceae	Weidengewächse
Sapotaceae	Sapotagewächse
Scrophulariaceae	Braunwurzgewächse
Simarubaceae	Bitterholzgewächse
Sterculiaceae	Sterculiengewächse
Taxaceae	Eibengewächse
Tiliaceae	Lindengewächse
Ulmaceae	Ulmengewächse
Verbenaceae	Eisenkrautgewächse
Vochysiaceae	Vochysiengewächse
Zygophyllaceae	Jochblattgewächse

IX. Sachregister

9*

Das Standardwerk für das holzverarbeitende Gewerbe

Mit Dur- und -koll

Holzverleimung im Handwerk

von O. Toscha; 2. Aufl. 1984, 112 Seiten mit
zahlreichen Abbildungen und Tabellen,
geb. 26,— DM
ISBN 3-87679-023-9

Die Holzverleimung im Handwerk befindet sich in einer Umwandlung.
Der Tischlerleim und die Zinkzulagen gehören der Vergangenheit an.
Der industrielle Fortschritt wird sehr aufmerksam beobachtet, als
solcher auch für das Handwerk erkannt und in abgewandelter Form
genutzt.

So stehen in den Möbelwerkstätten die Heißpressen ähnlich denen
der Möbelwerke, Spezialmaschinen übernehmen des Fügen und Zu-
sammensetzen der Furniere und sogar im Durchlaufverfahren arbeitende Kantenverleimautomaten gehören bereits zum Maschinen-
park. Es schien daher sehr notwendig, sich speziell unter diesem
neuen Gesichtspunkt mit der Holzverleimung im Handwerk zu befas-
sen. Dieser Entwicklung ist das vorliegende Buch gewidmet.

AUS DEM INHALT:

Der Ideale Holzleim – Die vorhandenen Holzleime – Vielschichtige
Verleimungsaufgaben – Furnierfugenverbindungen – Leimfläche und
Flächenverleimung – Kalt-, Warm- und Heißverleimung – Furnieren
mit Harnstoffharzleim im Heißverfahren – Manuelle und maschinelle
Kantenverleimung – Leimarten und ihre Anwendungsgebiete – Lang-
holzverbindungen–Hirnholzverbindungen–Eckverbindungen u.v.a.m.